집중일본어

집중 일본어

초판 1쇄 발행 2015년 2월 28일
초판 3쇄 발행 2024년 2월 10일

엮은이 서울대학교 인문대학 아시아언어문명학부 일본언어문명전공

펴낸곳 서울대학교출판문화원
주소 08826 서울 관악구 관악로 1
도서주문 02-889-4424, 02-880-7995
홈페이지 www.snupress.com
페이스북 @snupress1947
인스타그램 @snupress
이메일 snubook@snu.ac.kr
출판등록 제15-3호

ISBN 978-89-521-1700-7 93730

집중 일본어

서울대학교 인문대학
아시아언어문명학부 일본언어문명전공 엮음

서울대학교출판문화원

머리말

이 교재는 초중급 수준의 일본어 기초문법을 체득하는 것을 목표로 서울대학교 일본어 수업용으로 제작되었습니다. 한 학기 동안 행해지는 수업 일정에 맞춰 밀도 있게 구성되어 있기 때문에 기존의 일본어 학습서에 비해 단기간 내에 기초문법을 모두 배우기에 적합합니다. 그렇지만 학습 기간의 단축이라는 열매는 보다 많은 노력과 학습 시간의 투여를 통해서만 거둘 수 있음은 당연한 이치이겠지요.

이 교재를 통해 문법뿐 아니라 초중급 수준의 기초 어휘도 함께 학습할 수 있을 것입니다. 가능한 한 현실 생활에서 많이 사용되는 어휘를 중심으로 구성하였으며, 그 뜻의 번역 또한 기존의 일본어 사전 번역의 문제점을 보완하여 일본어의 의미가 더욱 잘 전달될 수 있도록 하였습니다.

각 과의 끝머리에는 일본 문화에 대한 토막 지식과 함께 심화학습을 위한 어휘를 덧붙임으로써 일본어와 일본 문화에 대한 관심 및 학습 욕구를 충족시킬 수 있도록 하였습니다.

교재의 각 과는 '회화(본문)-문법-연습'의 순서로 구성되어 있으나 실제의 학습은 '문법-연습-회화(본문)'의 순서로 진행하는 것이 바람직하며, 신출 단어 또한 이러한 학습 순서를 전제로 하여 정리되어 있습니다.

단기간 내에 일본어 기초문법을 확립하여 기본적인 일본어 회화를 구사하는 능력을 갖추고 아울러 일본어로 된 다양한 텍스트들을 접하고자 하는 학습자들에게 이 교재가 유용한 길잡이가 될 수 있기를 기대합니다.

차례

일본어의 문자와 발음 (오십음도)

단 행	a	i	u	e	o
-	あ ア [a]	い イ [i]	う ウ [u]	え エ [e]	お オ [o]
k	か カ [ka]	き キ [ki]	く ク [ku]	け ケ [ke]	こ コ [ko]
s	さ サ [sa]	し シ [shi]	す ス [su]	せ セ [se]	そ ソ [so]
t	た タ [ta]	ち チ [chi]	つ ツ [tsu]	て テ [te]	と ト [to]
n	な ナ [na]	に ニ [ni]	ぬ ヌ [nu]	ね ネ [ne]	の ノ [no]
h	は ハ [ha]	ひ ヒ [hi]	ふ フ [fu]	へ ヘ [he]	ほ ホ [ho]
m	ま マ [ma]	み ミ [mi]	む ム [mu]	め メ [me]	も モ [mo]
y	や ヤ [ya]		ゆ ユ [yu]		よ ヨ [yo]
r	ら ラ [ra]	り リ [ri]	る ル [ru]	れ レ [re]	ろ ロ [ro]
w	わ ワ [wa]	(ゐ ヰ)		(ゑ ヱ)	を ヲ [o]
	ん ン [ŋ]				

탁음과 반탁음

단 행	a	i	u	e	o
g	が　ガ [ga]	ぎ　ギ [gi]	ぐ　グ [gu]	げ　ゲ [ge]	ご　ゴ [go]
z	ざ　ザ [za]	じ　ジ [ji]	ず　ズ [zu]	ぜ　ゼ [ze]	ぞ　ゾ [zo]
d	だ　ダ [da]	ぢ　ヂ [ji]	づ　ヅ [zu]	で　デ [de]	ど　ド [do]
b	ば　バ [ba]	び　ビ [bi]	ぶ　ブ [bu]	べ　ベ [be]	ぼ　ボ [bo]
p	ぱ　パ [pa]	ぴ　ピ [pi]	ぷ　プ [pu]	ぺ　ペ [pe]	ぽ　ポ [po]

요음

い단 오른쪽에 작은 글자로 や · ゆ · よ를 붙여 쓰고 「자음 + ya · yu · yo」로 발음한다.

きゃ	きゅ	きょ	|	ぎゃ	ぎゅ	ぎょ	|	しゃ	しゅ	しょ
じゃ	じゅ	じょ	|	ちゃ	ちゅ	ちょ	|	にゃ	にゅ	にょ
ひゃ	ひゅ	ひょ	|	びゃ	びゅ	びょ	|	ぴゃ	ぴゅ	ぴょ
みゃ	みゅ	みょ	|	りゃ	りゅ	りょ				

촉음

つ를 작은 글자로 쓰고 뒤에 오는 자음으로 이루어진 받침처럼 발음한다.

예: がっこう [gakkou], はっせい [hassei], きっと [kitto], いっぱい [ippai]

ひらがな

あ					
い					
う					
え					
お					

か					
き					
く					
け					
こ					

さ					
し					
す					
せ					
そ					

た					
ち					
つ					
て					
と					

な					
に					
ぬ					
ね					
の					

は					
ひ					
ふ					
へ					
ほ					

ま					
み					
む					
め					
も					

や					
ゆ					
よ					

ら					
り					
る					
れ					
ろ					

わ					
を					
ん					

かたかな

ア					
イ					
ウ					
エ					
オ					

カ					
キ					
ク					
ケ					
コ					

サ					
シ					
ス					
セ					
ソ					

タ					
チ					
ツ					
テ					
ト					

ナ					
ニ					
ヌ					
ネ					
ノ					

ハ					
ヒ					
フ					
ヘ					
ホ					

マ					
ミ					
ム					
メ					
モ					

ヤ					
ユ					
ヨ					

ラ					
リ					
ル					
レ					
ロ					

ワ					
ヲ					
ン					

あいさつ

おはようございます。
こんにちは。
こんばんは。

どうぞ。
どうも。いただきます。
ごちそうさまでした。

さようなら。
では、また。

お邪魔(じゃま)します。
失礼(しつれい)します。

ありがとうございます。
どういたしまして。

いってきます。
いってらっしゃい。

すみません。
ごめんなさい。

ただいま。
お帰(かえ)りなさい。

おめでとうございます。

おやすみなさい。

第1課

韓国からの留学生です

주요 문형

- ～は～です
- ～ではありません
- ～の

会話

野田(のだ)　先生(せんせい)、こんにちは。

鈴木(すずき)　野田(のだ)さん、こんにちは。

こちらは金君(キムくん)です。

韓国(かんこく)からの交換留学生(こうかんりゅうがくせい)です。

金君、こちらは金君のチューターの野田(のだ)さんです。

金(キム)　はじめまして。キム·ミンジュンです。

どうぞよろしくお願(ねが)いします。

野田　はじめまして。野田まゆみです。

こちらこそどうぞよろしくお願いします。

鈴木　金君はソウル大学(だいがく)の学生(がくせい)です。

野田　あ、そうですか。専攻(せんこう)は何(なん)ですか。

金　アジア言語文明学部(げんごぶんめいがくぶ)です。

野田(のだ)さんの専攻は何ですか。

野田　日本史(にほんし)です。

金　　そうですか。歴史学(れきしがく)ですね。

野田　　はい、そうです。金(キム)さんは何年生(なんねんせい)ですか。

金　　2年生(にねんせい)です。野田(のだ)さんも2年生(にねんせい)ですか。

野田　　私(わたし)は2年生(にねんせい)ではありません。3年生(さんねんせい)です。

鈴木　　彼女(かのじょ)も韓国(かんこく)の交換留学生(こうかんりゅうがくせい)でした。

では、これからよろしくお願(ねが)いしますね。

野田　　はい、分(わ)かりました。

単語

こちら 이쪽　~君(くん) ~군　~から ~부터
交換留学生(こうかんりゅうがくせい) 교환학생　チューター 튜터
はじめまして 처음 뵙겠습니다　どうぞ 아무쪼록, 부디　よろしく 잘
お願(ねが)いします 부탁 드립니다　~こそ ~야말로　そうです 그렇습니다
専攻(せんこう) 전공　アジア言語文明学部(げんごぶんめいがくぶ) 아시아언어문명학부
日本史(にほんし) 일본사　歴史学(れきしがく) 사학　何年生(なんねんせい) 몇 학년
では 그럼　これから 앞으로　分(わ)かりました 알겠습니다

文法

❶ 인칭대명사

私(わたし) 나　　あなた 당신

彼(かれ) 그　　彼女(かのじょ) 그녀

❷ ~は~です　~은/는 ~입니다

私(わたし)はキム·ミンジュンです。

高橋(たかはし)さんは学生(がくせい)です。

先生(せんせい)は日本人(にほんじん)です。

❸ ~は~ですか　~은/는 ~입니까?

はい、~です　예, ~입니다

いいえ、~ではありません　아니오, ~이/가 아닙니다

A: 李(イ)さんは大学生(だいがくせい)ですか。

B: はい、大学生です。/　いいえ、大学生ではありません。

A: あなたは韓国人(かんこくじん)ですか。

B: はい、韓国人です。/　いいえ、韓国人ではありません。

❹ ~も　~도

私(わたし)も大学生(だいがくせい)です。

先生(せんせい)も韓国人(かんこくじん)です。

❺ 명사＋の＋명사　(~의, ~인)

ソウル大学(だいがく)の学生(がくせい)です。

日本語(にほんご)の本(ほん)です。

留学生(りゅうがくせい)の金(キム)です。

❻ 지시어(1)

これ 이것	それ 그것	あれ 저것	どれ 어느 것
この 이~	その 그~	あの 저~	どの 어느~

❼ 何(なに・なん) 무엇

A: これは何(なん)ですか。

B: それは鈴木(すずき)さんのプレゼントです。

A: あれは何(なん)ですか。

B: あれは図書館(としょかん)です。

❽ 誰(だれ) 누구

A: あの人(ひと)は誰(だれ)ですか。

B: あの人は高橋(たかはし)さんの友達(ともだち)です。

A: それは誰(だれ)のノートですか。

B: これは私(わたし)のノートです。

❾ ~の ~(의) 것

このかばんは私(わたし)のです。

その本(ほん)は先生(せんせい)のです。

あのパソコンは金(キム)さんのです。

⑩ ~でした ~이었습니다

鈴木(すずき)さんは会社員(かいしゃいん)でした。

朴(パク)さんは日本語(にほんご)の先生(せんせい)でした。

あの人(ひと)はフランス人(じん)でした。

⑪ ~ではありませんでした ~이/가 아니었습니다

金(キム)さんは大学生(だいがくせい)ではありませんでした。

李(イ)さんは中国人(ちゅうごくじん)ではありませんでした。

あれは韓国語(かんこくご)の本(ほん)ではありませんでした。

単語

~さん ~씨　学生(がくせい) 학생　先生(せんせい) 선생님
日本人(にほんじん) 일본인　大学生(だいがくせい) 대학생
韓国人(かんこくじん) 한국인　ソウル 서울　大学(だいがく) 대학교
日本語(にほんご) 일본어　本(ほん) 책　留学生(りゅうがくせい) 유학생
プレゼント 선물　図書館(としょかん) 도서관　人(ひと) 사람　友達(ともだち) 친구
ノート 노트　かばん 가방　パソコン (퍼스널)컴퓨터　会社員(かいしゃいん) 회사원
フランス人(じん) 프랑스인　中国人(ちゅうごくじん) 중국인
韓国語(かんこくご) 한국어

練習

1. 예와 같이 문장을 완성해 봅시다.

～は～です

예: 私(わたし) ・ 学生(がくせい) ➡ 私は学生です。

① 私(わたし) ・ 韓国人(かんこくじん)

➡

② 彼(かれ) ・ 大学生(だいがくせい)

➡

③ 野田(のだ)さん ・ 大学院生(だいがくいんせい)

➡

④ 彼女(かのじょ) ・ 会社員(かいしゃいん)

➡

⑤ 先生(せんせい) ・ 中国人(ちゅうごくじん)

➡

2. 예와 같이 대화를 완성해 봅시다.

> 예: 朴(パク)さん・大学生(だいがくせい)・大学院生(だいがくいんせい)
>
> ➡ 朴さんは大学生ですか。
>
> いいえ、大学生ではありません。大学院生です。

① あなた・高校生(こうこうせい)・大学生(だいがくせい)

➡

② 鈴木(すずき)さん・恋人(こいびと)・友達(ともだち)

➡

③ 先生(せんせい)・中国人(ちゅうごくじん)・台湾人(たいわんじん)

➡

④ ポールさん・イギリス人(じん)・アメリカ人(じん)

➡

⑤ 李(イ)さん・1年生(いちねんせい)・4年生(よねんせい)

➡

3. 예와 같이 문장을 바꾸어 봅시다.

예: これは私(わたし)の本(ほん)です。 ➡ この本は私のです。

① これは金(キム)さんの携帯電話(けいたいでんわ)です。

➡

② それは先生(せんせい)のかばんです。

➡

③ あれは私(わたし)のパソコンです。

➡

④ これはあなたの傘(かさ)ですか。

➡

⑤ あれは誰(だれ)のノートですか。

➡

4. 예와 같이 문장을 완성해 봅시다.

～でした

예: 鈴木(すずき)さん・会社員(かいしゃいん) ➡ 鈴木さんは会社員でした。

① 朴(パク)さん・韓国(かんこく)の留学生(りゅうがくせい)

➡

② 私(わたし)・英語(えいご)の先生(せんせい)

➡

③ これ・高橋(たかはし)さんの携帯(けいたい)

➡

④ あれ・日本語(にほんご)の本(ほん)

➡

⑤ このボールペン・先生(せんせい)の

➡

~ではありませんでした

예: 李(イ)さん・中国人(ちゅうごくじん) ➡ 李さんは中国人ではありませんでした。

① 先生(せんせい)・ドイツ人(じん)

➡

② 鈴木(すずき)さん・大学院生(だいがくいんせい)

➡

③ 金(キム)さん・高校(こうこう)の先生(せんせい)

➡

④ これ・私(わたし)のノート

➡

⑤ あれ・先生(せんせい)のかばん

➡

単語

高校生(こうこうせい) 고등학생　台湾人(たいわんじん) 대만인
イギリス人(じん) 영국인　アメリカ人(じん) 미국인　~年生(ねんせい) ~학년
携帯電話(けいたいでんわ) 휴대전화　傘(かさ) 우산　恋人(こいびと) 애인
英語(えいご) 영어　ボールペン 볼펜　ドイツ人(じん) 독일인
高校(こうこう) 고등학교

マメ知識

일본의 호칭

일본에서 사람을 부르거나 언급할 때에 사용하는 가장 일반적인 호칭은 '성(姓)＋さん'입니다. 일본에는 무려 약 30만 종류의 성씨가 존재하여 같은 집단 내에서는 성씨만으로도 구별이 되는 것이 보통이기 때문입니다.

'さん'은 한국어의 '씨'보다 정중한 호칭으로, '씨'는 손윗사람에게 사용하면 실례가 되는 데에 반하여 'さん'은 손윗사람에게도 사용합니다.

'さん'보다 정중한 호칭으로는 한국어의 '님'에 가까운 'さま(様)'가 있으며 주로 점원들이 손님에게 사용합니다. 또한 편지나 메일의 경우에는 수신인의 이름 뒤에 붙여 사용하기도 합니다.

한국에서는 선생님이나 상사 등 손윗사람의 직함에 '님'을 붙여서 호명하는 것이 일반적이지만 일본에서는 직함 뒤에 'さま'를 붙이지 않습니다. 또한 선생님은 교수 등의 직업명이나 직위로 부르지 않고 모두 'せんせい(先生)'라고 부릅니다.

손아랫사람이나 친한 사이의 남자를 부를 때는 'くん(君)'을 붙이며 간혹 여자에게도 사용합니다. 친한 사이에서 남녀 구별 없이 사용하는 호칭으로는 'ちゃん'이 있으며, 성이나 이름을 2박으로 줄여서 사용하는 경우가 많습니다(まつなが → まっちゃん, たかひろ → たかちゃん 등).

専攻と職業
전공과 직업

専攻

言語学(げんごがく) 언어학
社会学(しゃかいがく) 사회학
人類学(じんるいがく) 인류학
地理学(ちりがく) 지리학
法学(ほうがく) 법학
物理学(ぶつりがく) 물리학
化学(かがく) 화학
建築学(けんちくがく) 건축학
哲学(てつがく) 철학
経済学(けいざいがく) 경제학
宗教学(しゅうきょうがく) 종교학
教育学(きょういくがく) 교육학
医学(いがく) 의학
天文学(てんもんがく) 천문학
工学(こうがく) 공학

職業

会社員(かいしゃいん) 회사원
教師(きょうし) 교사
看護士(かんごし) 간호사
画家(がか) 화가
政治家(せいじか) 정치가
歌手(かしゅ) 가수
芸能人(げいのうじん) 연예인
公務員(こうむいん) 공무원
医者(いしゃ) 의사
弁護士(べんごし) 변호사
記者(きしゃ) 기자
外交官(がいこうかん) 외교관
俳優(はいゆう) 배우

第2課

二人とも四人家族ですね

주요 문형

- ～に～があります
- ～に～がいます

会話

金(キム)　もしもし。野田(のだ)さん、今(いま)どこですか。

野田(のだ)　安田講堂(やすだこうどう)の前(まえ)の食堂(しょくどう)にいます。

金　私(わたし)も食堂ですが…。あ、ここでしたね。

学校(がっこう)に人(ひと)があまりいませんね。

野田　そうですね。週末(しゅうまつ)はあまり人がいません。

金　野田さんは出身(しゅっしん)はどちらですか。

野田　京都(きょうと)です。金(キム)さんはソウルですか。

金　はい、そうです。

野田　ご兄弟(きょうだい)は何人(なんにん)いますか。

金　姉(あね)が一人(ひとり)います。野田(のだ)さんのご家族(かぞく)は…。

野田　両親(りょうしん)と妹(いもうと)と私(わたし)です。

金　二人(ふたり)とも四人家族(よにんかぞく)ですね。

妹(いもうと)さんも大学生(だいがくせい)ですか。

野田　はい、大学生ですが、京都(きょうと)にいます。

金　じゃ、野田(のだ)さんも一人暮(ひとりぐ)らしですね。

私(わたし)は寮(りょう)にいますが、野田さんはどこですか。

野田　学校(がっこう)の前(まえ)のアパートです。

金　そうですか。あ、そうだ、寮(りょう)にプリンターがありませんが、どこかにプリンターありませんか。

野田　図書館(としょかん)にあります。何(なに)か宿題(しゅくだい)ですか。

金　はい、日本語(にほんご)の宿題(しゅくだい)が一(ひと)つあります。

野田　日本語ですか。がんばってください。

単語

もしもし 여보세요　講堂(こうどう) 강당　あまり 별로
週末(しゅうまつ) 주말　出身(しゅっしん) 출신　じゃ 그럼　~とも ~다, ~모두
一人暮(ひとりぐ)らし 혼자 사는 것　アパート 다세대 주택　寮(りょう) 기숙사
そうだ 그렇다, 참　どこか 어딘가　プリンター 프린터　何(なに)か 뭔가
宿題(しゅくだい) 숙제　がんばってください 열심히 하세요

文法

❶ 지시어(2)

ここ 여기	そこ 거기	あそこ 저기	どこ 어디
こちら 이쪽	そちら 그쪽	あちら 저쪽	どちら 어느 쪽

❷ ~に~があります/います ~에 ~이/가 있습니다

사물	あります 있습니다	ありません 없습니다
사람·동물	います 있습니다	いません 없습니다

学生会館(がくせいかいかん)に食堂(しょくどう)があります。

あそこに伊藤先輩(いとうせんぱい)がいます。

そちらのコンビニにはATM(エーティーエム)がありません。

家(いえ)に誰(だれ)もいません。

❸ 위치 표현

上(うえ) 위	右(みぎ) 오른쪽	中(なか) 안	前(まえ) 앞	横(よこ) 옆
下(した) 아래	左(ひだり) 왼쪽	外(そと) 밖	後(うし)ろ 뒤	隣(となり) 이웃·옆

机(つくえ)の上(うえ)に辞書(じしょ)があります。

冷蔵庫(れいぞうこ)の中(なか)に何(なに)もありません。

A: トイレはどこにありますか。

B: 入(い)り口(ぐち)の前(まえ)にあります。

❹ ~と　~와/과

フォークとナイフはあちらにあります。

図書館(としょかん)には新聞(しんぶん)と雑誌(ざっし)もあります。

学食(がくしょく)に金(キム)さんと野田(のだ)さんがいます。

❺ 수사(1)

一(いち)	二(に)	三(さん)	四(し・よん・よ)	五(ご)
六(ろく)	七(しち・なな)	八(はち)	九(きゅう・く)	十(じゅう)

❻ ~人(にん)　~명

1人 (ひとり)	2人 (ふたり)	3人 (さんにん)	4人 (よにん)	5人 (ごにん)
6人 (ろくにん)	7人 (なな(しち)にん)	8人 (はちにん)	9人 (きゅう(く)にん)	10人 (じゅうにん)

A: クラスに外国人(がいこくじん)は何人(なんにん)いますか。

B: 四人(よにん)います。

私(わたし)は友達(ともだち)が二人(ふたり)います。

女(おんな)の人(ひと)が一人(ひとり)と、男(おとこ)の人(ひと)が三人(さんにん)います。

❼ 수사(2)

一(ひと)つ　二(ふた)つ　三(みっ)つ　四(よっ)つ　五(いつ)つ

六(むっ)つ　七(なな)つ　八(やっ)つ　九(ここの)つ　十(とお)

A: 箱(はこ)の中(なか)にりんごはいくつありますか。

B: りんごは八(やっ)つあります。

テレビの横(よこ)にめがねが二(ふた)つあります。

ホット・コーヒー三(みっ)つと紅茶(こうちゃ)一(ひと)つお願(ねが)いします。

❽ 가족 호칭

私(わたし)は妹(いもうと)が一人(ひとり)います。

両親(りょうしん)はテジョンにいます。

朴(パク)さんの妹(いもうと)さんは高校生(こうこうせい)ですか。

ご両親はお元気(げんき)ですか。

	자신의 가족	남의 가족
가족	家族(かぞく)	ご家族(かぞく)
부모	両親(りょうしん)	ご両親(りょうしん)
형제	兄弟(きょうだい)	ご兄弟(きょうだい)
할아버지	祖父(そふ)	おじいさん
할머니	祖母(そぼ)	おばあさん
아버지	父(ちち)	お父(とう)さん
어머니	母(はは)	お母(かあ)さん
형·오빠	兄(あに)	お兄(にい)さん
언니·누나	姉(あね)	お姉(ねえ)さん
남동생	弟(おとうと)	弟(おとうと)さん
여동생	妹(いもうと)	妹(いもうと)さん

⑨ ~が　~하지만, ~하는데

すみませんが、鉛筆(えんぴつ)ありますか。

時間(じかん)はありますが、お金(かね)がありません。

兄(あに)が一人(ひとり)いますが、今(いま)アメリカにいます。

単語

学生会館(がくせいかいかん) 학생회관　食堂(しょくどう) 식당
先輩(せんぱい) 선배　コンビニ 편의점　ATM(エーティーエム) 현금인출기
家(いえ) 집　誰(だれ)も 아무도　机(つくえ) 책상　辞書(じしょ) 사전
冷蔵庫(れいぞうこ) 냉장고　何(なに)も 아무것도　トイレ 화장실
入(い)り口(ぐち) 입구　フォーク 포크　ナイフ 나이프　新聞(しんぶん) 신문
雑誌(ざっし) 잡지　学食(がくしょく) 학생식당　クラス 학급, 반
外国人(がいこくじん) 외국인　女(おんな)の人(ひと) 여자
男(おとこ)の人(ひと) 남자　箱(はこ) 상자　りんご 사과　いくつ 몇 개
テレビ 텔레비전　めがね 안경　ホット·コーヒー (뜨거운)커피
紅茶(こうちゃ) 홍차　お元気(げんき)ですか 건강하십니까, 잘 지내십니까
鉛筆(えんぴつ) 연필　時間(じかん) 시간　お金(かね) 돈　今(いま) 지금

練習

1. 예와 같이 대화를 완성해 봅시다.

예: トイレ・あそこ ➡ トイレはどこにありますか。
トイレはあそこにあります。

① コピー機(き)・事務室(じむしつ)

➡

② 銀行(ぎんこう)・あのビル

➡

③ 犬(いぬ)・私(わたし)の部屋(へや)

➡

④ 山田君(やまだくん)・サークルルーム

➡

⑤ ストロー・あちら

➡

2. 예와 같이 문장을 완성해 봅시다.

～の～に～があります/います

예: 机(つくえ)・上(うえ)・辞書(じしょ) ➡ 机の上に辞書があります。

① 駅(えき)・隣(となり)・デパート

➡

② 映画館(えいがかん)・右(みぎ)・本屋(ほんや)

➡

③ 窓(まど)・下(した)・猫(ねこ)

➡

④ 家(いえ)・前(まえ)・女(おんな)の人(ひと)

➡

⑤ 学校(がっこう)・後(うし)ろ・バス停(てい)

➡

～に～が～人います

예: クラス・韓国人(かんこくじん)3 ➡ クラスに韓国人が三人(さんにん)います。

① 郵便局(ゆうびんきょく)・人(ひと)5

➡

② クラス・女(おんな)の人(ひと)2

➡

③ レストラン・お客(きゃく)さん1

➡

④ 教室(きょうしつ)・学生(がくせい)10

➡

⑤ 学校(がっこう)・先生(せんせい)24

➡

～と～お願いします

예: コーヒー3・紅茶(こうちゃ)1
➡ コーヒーみっつと紅茶ひとつお願(ねが)いします。

① ラーメン2 ・ おにぎり1

➡

② ハンバーガー5 ・ コーラ4

➡

③ うどん2 ・ そば3

➡

④ 生(なま)ビール7 ・ オレンジジュース1

➡

⑤ アイスクリーム6 ・ チーズケーキ3

➡

3. 예와 같이 대화를 완성해 봅시다.

예: 妹(いもうと) ・ 高校生(こうこうせい) ➡ 妹さんが高校生ですか。
はい、妹は高校生です。

① 姉(あね) ・ 公務員(こうむいん)

➡

② 弟(おとうと) ・ 中学生(ちゅうがくせい)

➡

③ 父(ちち) ・ 大学(だいがく)の教授(きょうじゅ)

➡

④ 兄(あに) ・ 画家(がか)

➡

⑤ 祖母(そぼ) ・ 歌手(かしゅ)

➡

単語

コピー機(き) 복사기　事務室(じむしつ) 사무실　銀行(ぎんこう) 은행
ビル 빌딩　犬(いぬ) 개　部屋(へや) 방　サークルルーム 동아리방　ストロー 빨대
駅(えき) 역　デパート 백화점　映画館(えいがかん) 영화관　本屋(ほんや) 책방
窓(まど) 창문　猫(ねこ) 고양이　学校(がっこう) 학교　バス停(てい) 버스 정류장
郵便局(ゆうびんきょく) 우체국　人(ひと) 사람　レストラン 레스토랑
お客(きゃく)さん 손님　教室(きょうしつ) 교실　ラーメン 라면　おにぎり 주먹밥
ハンバーガー 햄버거　コーラ 콜라　うどん 우동, 가락국수　そば 메밀국수
生(なま)ビール 생맥주　オレンジジュース 오렌지주스　アイスクリーム 아이스크림
チーズケーキ 치즈케이크　公務員(こうむいん) 공무원　中学生(ちゅうがくせい) 중학생
教授(きょうじゅ) 교수　画家(がか) 화가　歌手(かしゅ) 가수

マメ知識

우치(うち)와 소토(そと)

일본에서는 자신이 속한 조직과 그 조직의 외부를 구분하는 것이 중요합니다. 전자를 'うち(内)', 후자를 'そと(外)'라고 합니다.

'うち'에는 자신의 가족과 회사 등이 포함되며, 'うちの妹(우리 여동생)' 'うちの学校(우리 학교)' 'うちの会社(우리 회사)' 등 '우리~'라는 표현에도 사용됩니다.

일본어에서 'うち'와 'そと'의 구분이 특히 중요한 것은 이 구분에 따라 높임말을 가려서 사용해야 하기 때문으로, 'そと'의 사람에게 이야기할 때 'うち'에 속하는 사람에 대하여 높임말을 사용해서는 안됩니다.

타인에게 본인의 가족이나 회사 상사에 대하여 '어머님은 집에 안 계십니다' '부장님께서는 자리를 비우셨습니다' 등의 높임말을 사용하여 말하는 것은 일본에서는 'うち'를 높이는 것이 되어 자기 자신을 높여 말하는 것과 마찬가지로 실례가 되기 때문입니다.

물론 가족이나 회사 상사 본인과 대화를 나눌 때에는 높임말을 사용해도 무방하며, 상사와 대화를 나눌 때에 높임말을 사용하지 않으면 오히려 무례한 행동이 될 것입니다.

한국어의 경어는 듣는 사람에 관계 없이 자신의 손윗사람에게는 언제나 높임말을 사용하는 '절대경어'임에 반하여 일본어의 경어는 이와 같이 듣는 사람을 'うち'와 'そと'로 구분하여 경우에 맞게 높임말을 사용해야 하는 '상대경어'라고 부릅니다.

学習道具
학습도구

机(つくえ) 책상

スタンド 스탠드

鉛筆(えんぴつ) 연필

ボールペン 볼펜

万年筆(まんねんひつ) 만년필

修正液(しゅうせいえき) 수정액

のり 풀

便箋(びんせん) 편지지

教科書(きょうかしょ) 교과서

参考書(さんこうしょ) 참고서

地図(ちず) 지도

キーボード 키보드

椅子(いす) 의자

本棚(ほんだな) 책장

消(け)しゴム 지우개

シャープペンシル 샤프

筆(ふで) 붓

はさみ 가위

紙(かみ) 종이

封筒(ふうとう) 봉투

ノート 노트

辞書(じしょ) 사전

パソコン (퍼스널)컴퓨터

マウス 마우스

第3課

特にすしが好きです

주요 문형

- 형용사(イ형용사)
- 형용동사(ナ형용사)

会話

金(キム)　今日(きょう)はいい天気(てんき)ですね。

野田(のだ)　本当(ほんとう)ですね。昨日(きのう)は雨(あめ)でしたが、今日(きょう)は天気が素晴(すば)らしいですね。学校生活(がっこうせいかつ)はどうですか。

金　日本語(にほんご)がまだ下手(へた)ですが、楽(たの)しいです。

野田　金(キム)さんの日本語は上手(じょうず)ですよ。

全然(ぜんぜん)下手(へた)ではありません。

金　でもやっぱり聞(き)き取(と)りはまだ難(むずか)しいです。

それから、毎週(まいしゅう)テストがありますが、テストの点数(てんすう)もあまりよくありません。

野田　毎週(まいしゅう)テストですか。それは大変(たいへん)ですね。

寮(りょう)はどうですか。不便(ふべん)ではありませんか。

金　いえ、部屋(へや)は狭(せま)いけど、とても便利(べんり)なところです。

野田　学校(がっこう)までは遠(とお)くありませんか。

金　ちょっと遠いですが、大丈夫(だいじょうぶ)です。

野田　寮(りょう)に韓国人(かんこくじん)の友達(ともだち)は多(おお)いですか。

金　寮に韓国人はあまり多くありません。
でも、他(ほか)の外国人(がいこくじん)の友達(ともだち)は多(おお)いです。

野田　よかったですね。食(た)べ物(もの)はどうですか。
和食(わしょく)は好(す)きですか。

金　はい、好きです。特(とく)に寿司(すし)が大好(だいす)きです。

野田　じゃ、今日(きょう)の昼(ひる)ご飯(はん)に寿司はどうですか。

金　それはいいですね！

単語

本当(ほんとう)だ 진짜다, 정말이다　雨(あめ) 비
素晴(すば)らしい 훌륭하다　生活(せいかつ) 생활　どうですか 어떻습니까
まだ 아직　全然(ぜんぜん) 전혀　ところ 곳　でも 하지만　やっぱり 역시
聞(き)き取(と)り 청해　それから 그리고　点数(てんすう) 점수
~けど ~하지만, ~하는데　~まで ~까지　他(ほか)の 다른　食(た)べ物(もの) 음식
和食(わしょく) 일본음식　特(とく)に 특히　昼(ひる)ご飯(はん) 점심밥
寿司(すし) 초밥

文法

❶ 형용사 (イ형용사)

大(おお)きい 크다
小(ちい)さい 작다
多(おお)い 많다
少(すく)ない 적다
長(なが)い 길다
短(みじか)い 짧다
重(おも)い 무겁다
軽(かる)い 가볍다
広(ひろ)い 넓다
狭(せま)い 좁다
近(ちか)い 가깝다
遠(とお)い 멀다
明(あか)るい 밝다
暗(くら)い 어둡다
難(むずか)しい 어렵다
易(やさ)しい 쉽다
いい・よい 좋다
悪(わる)い 나쁘다

新(あたら)しい 새롭다
古(ふる)い 오래됐다
高(たか)い 높다·비싸다
低(ひく)い 낮다
安(やす)い 싸다
遅(おそ)い 늦다·느리다
早(はや)い 이르다
速(はや)い 빠르다
強(つよ)い 세다
弱(よわ)い 약하다
暑(あつ)い 덥다
寒(さむ)い 춥다
暖(あたた)かい 따뜻하다
涼(すず)しい 시원하다
熱(あつ)い 뜨겁다
冷(つめ)たい 차다
おいしい 맛있다
まずい 맛없다

面白(おもしろ)い 재미있다
つまらない 시시하다·재미없다
楽(たの)しい 즐겁다
忙(いそが)しい 바쁘다
うるさい 시끄럽다
かわいい 예쁘다·귀엽다
かっこいい 멋있다
怖(こわ)い 무섭다
優(やさ)しい 상냥하다
甘(あま)い 달다
辛(から)い 맵다
しょっぱい 짜다
すっぱい 시다
赤(あか)い 빨갛다
青(あお)い 파랗다
黄色(きいろ)い 노랗다
白(しろ)い 희다
黒(くろ)い 검다

❷ 형용사의 기본 활용

		긍정형	부정형
현재	보통체	**기본형**	**어간+くない** (*어간=기본형−い)
	정중체	**기본형+です**	**어간+くありません** **어간+くないです**
과거	보통체	**어간+かった**	**어간+くなかった**
	정중체	**어간+かったです**	**어간+くありませんでした** **어간+くなかったです**

博物館(はくぶつかん)に人(ひと)が多(おお)いです。

博物館に人が多くありません(多くないです)。

博物館に人が多かったです。

博物館に人が多くありませんでした(多くなかったです)。

➾ いいは 기본형으로만 사용하며, 그외에는 よい를 사용.

天気(てんき)がいいです。

天気がよくありません(よくないです)。

天気がよかったです。

天気がよくありませんでした(よくなかったです)。

❸ 형용사의 명사 수식 ~한

駅(えき)から近(ちか)いマンションです。

とても楽(たの)しい時間(じかん)でした。

ちょっと古(ふる)い映画(えいが)ですが、面白(おもしろ)いです。

❹ 형용동사 (ナ형용사)

- 静(しず)かだ 조용하다
- 賑(にぎ)やかだ 번화하다, 북적거리다
- きれいだ 깨끗하다, 예쁘다
- ハンサムだ 핸섬하다
- まじめだ 성실하다
- 親切(しんせつ)だ 친절하다
- 不親切(ふしんせつ)だ 불친절하다
- 便利(べんり)だ 편리하다
- 不便(ふべん)だ 불편하다
- 素敵(すてき)だ 멋지다
- 有名(ゆうめい)だ 유명하다
- 暇(ひま)だ 한가하다
- 好(す)きだ 좋다, 좋아하다
- 嫌(きら)いだ 싫다, 싫어하다
- 大好(だいす)きだ 무척 좋아하다
- 上手(じょうず)だ 능숙하다, 잘하다
- 下手(へた)だ 서툴다, 잘 못하다
- 得意(とくい)だ 자신 있다
- 苦手(にがて)だ 자신 없다, 질색이다
- 大変(たいへん)だ 힘들다, 큰일이다
- 簡単(かんたん)だ 간단하다, 쉽다
- 元気(げんき)だ 건강하다, 잘 지내다, 활기차다
- 丈夫(じょうぶ)だ 튼튼하다
- 大丈夫(だいじょうぶ)だ 괜찮다

⑤ 형용동사의 기본 활용

		긍정형	부정형
현재	보통체	**기본형**	**어간+ではない**
	정중체	**어간+です** (*어간=기본형－だ)	**어간+ではありません** **어간+ではないです**
과거	보통체	**어간+だった**	**어간+ではなかった**
	정중체	**어간+でした**	**어간+ではありませんでした** **어간+ではなかったです**

あの人(ひと)はまじめです。

あの人はまじめではありません(まじめではないです)。

あの人はまじめでした。

あの人はまじめではありませんでした(まじめではなかったです)。

⑥ 형용동사의 명사 수식 (어간＋な) ～한

とてもきれいなホテルですね。

ソウルは賑(にぎ)やかな都市(とし)です。

彼(かれ)はあまり有名(ゆうめい)な俳優(はいゆう)ではありません。

❼ ~が好きだ・嫌いだ ~을/를 좋아하다·싫어하다
~が上手だ・下手だ ~을/를 잘하다·잘 못하다

私は野球が好きです。

人参が嫌いな子供が多いです。

彼は英語がかなり上手です。

彼女は歌が下手ですが、ダンスは上手です。

❽ 때를 나타내는 표현(1)

一昨年(おととし) 재작년	去年(きょねん) 작년	今年(ことし) 올해	来年(らいねん) 내년	再来年(さらいねん) 내후년	毎年(まいとし·まいねん) 매해 · 매년
先々月(せんせんげつ) 지지난달	先月(せんげつ) 지난달	今月(こんげつ) 이번달	来月(らいげつ) 다음달	再来月(さらいげつ) 다다음달	毎月(まいつき·まいげつ) 매달 · 매월
先々週(せんせんしゅう) 지지난주	先週(せんしゅう) 지난주	今週(こんしゅう) 이번주	来週(らいしゅう) 다음주	再来週(さらいしゅう) 다다음주	毎週(まいしゅう) 매주
一昨日(おととい) 그제	昨日(きのう) 어제	今日(きょう) 오늘	明日(あした) 내일	明後日(あさって) 모레	毎日(まいにち) 매일

単語

博物館(はくぶつかん) 박물관　天気(てんき) 날씨　駅(えき) 역
マンション 아파트　とても 무척　ちょっと 좀　映画(えいが) 영화　ホテル 호텔
都市(とし) 도시　俳優(はいゆう) 배우　野球(やきゅう) 야구　人参(にんじん) 당근
子供(こども) 아이, 어린이　かなり 상당히　歌(うた) 노래　ダンス 댄스

練習

1. 예와 같이 대화를 완성해 봅시다.

예: 家(いえ)・近(ちか)い・遠(とお)い ➡ 家は近いですか。
いいえ、近くありません。遠いです。

① 教室(きょうしつ)・広(ひろ)い・狭(せま)い

➡

② あのレストラン・おいしい・まずい

➡

③ 風(かぜ)・強(つよ)い・弱(よわ)い

➡

④ 先生(せんせい)・優(やさ)しい・怖(こわ)い

➡

⑤ 部屋(へや)・暖(あたた)かい・寒(さむ)い

➡

2. 예와 같이 대화를 완성해 봅시다.

예: 人(ひと)・多(おお)い ➡ 人が多かったですか。
いいえ、あまり多くありませんでした。

① 料理(りょうり)・おいしい

➡

② テスト・難(むずか)しい

➡

③ 映画(えいが)・面白(おもしろ)い

➡

④ 講演(こうえん)・長(なが)い

➡

⑤ 反応(はんのう)・いい

➡

3. 예와 같이 대화를 완성해 봅시다.

예: 英語・上手だ・下手だ

➡ 英語は上手ですか。

いいえ、上手ではありません。下手です。

① 学校の前・賑やかだ・静かだ

➡

② 納豆・嫌いだ・好きだ

➡

③ 彼女・親切だ・不親切だ

➡

④ 歌・得意だ・苦手だ

➡

⑤ 寮・不便だ・便利だ

➡

4. 예와 같이 문장을 바꾸어 봅시다.

예: 学生(がくせい)がまじめです。 ➡ まじめな学生ですね。

① 店員(てんいん)が親切(しんせつ)です。

➡

② アルバイトが簡単(かんたん)です。

➡

③ 子供(こども)が元気(げんき)です。

➡

④ 辞書(じしょ)が便利(べんり)です。

➡

⑤ 部屋(へや)がきれいです。

➡

5. 예와 같이 문장을 완성해 봅시다.

예: ホテル・不便(ふべん)だ・うるさい
➡ ホテルは不便ではありませんでしたが、うるさかったです。

① 料理(りょうり)・まずい・辛(から)い
➡

② 仕事(しごと)・大変(たいへん)だ・忙(いそが)しい
➡

③ ピアノ・上手(じょうず)だ・面白(おもしろ)い
➡

④ その食堂(しょくどう)・有名(ゆうめい)だ・おいしい
➡

⑤ 町(まち)・きれいだ・賑(にぎ)やかだ
➡

単語

風(かぜ) 바람　料理(りょうり) 요리　アルバイト 아르바이트
講演(こうえん) 강연　反応(はんのう) 반응　納豆(なっとう) 낫토
店員(てんいん) 점원　仕事(しごと) 일　ピアノ 피아노　町(まち) 동네

マメ知識

일본의 음식

한국에서는 일본 음식을 가리키는 말로 '일식'을 사용하지만, 일본 음식을 가리키는 일본어는 'わしょく(和食)'입니다.

'わ(和)'는 '조화・화합'을 의미하는 말로 전통적으로 일본 사회에서 가장 중요하게 생각하는 덕목이며 '왜(倭)' 대신 사용하기도 한 '일본'을 의미하는 단어이기 때문에 서양식과 대조되는 일본의 전통적인 양식을 나타낼 때에 '和風(일본풍)' '和服(일본옷)' '和歌(일본시)' '和菓子(일본과자)' 등과 같이 사용됩니다.

대표적인 일본 음식으로는 초밥(すし)과 튀김(てんぷら)을 들 수 있으며, 경사가 있거나 손님을 접대할 때에 자주 먹습니다.

초밥은 식초(す)로 맛을 낸 밥(めし)이라는 의미로, 본래는 생선을 보존하기 위한 방법으로 고안된 음식이며 밥의 온도가 사람의 체온과 비슷할 때에 가장 맛있다고 알려져 있습니다.

이외에 외국에서 들어와 일본식으로 개량되어 정착된 대표적인 음식으로 카레라이스, 돈까스, 햄버그스테이크, 중국에서 들어온 라멘 등이 있습니다.

和食
일본 음식

寿司(すし) 초밥
おにぎり 주먹밥, 삼각김밥
刺身(さしみ) 회
豚(とん)カツ 돈까스
ひれカツ 안심까스
うどん 우동, 가락국수
きつねうどん 유부우동
天(てん)ぷらうどん 튀김우동
豚丼(ぶたどん) 돼지고기덮밥
カツ丼(どん) 돈까스덮밥
焼(や)きそば (일본식)볶음면
味噌(みそ)ラーメン 된장라면
蛸焼(たこや)き 문어빵
から揚(あ)げ 닭튀김

散(ち)らし寿司(ずし) (일본식)회덮밥
のり巻(ま)き 김초밥
すき焼(や)き (일본식)전골요리
ロースカツ 등심까스
そば 메밀국수
かけうどん 건더기 없는 우동
たぬきうどん 튀김알갱이를 뿌린 우동
牛丼(ぎゅうどん) 쇠고기덮밥
親子丼(おやこどん) 닭고기덮밥
天丼(てんどん) 튀김덮밥
塩(しお)ラーメン 소금라면
豚骨(とんこつ)ラーメン 사골라면
お好(この)み焼(や)き (일본식)부침개
焼(や)き鳥(とり) 닭꼬치

일본의 식사 문화

한국과는 다른 일본의 식사 문화에는 다음과 같은 것들이 있습니다.

- 가능한 한 얼굴이 아래로 향하지 않도록 밥공기를 손에 들고 먹습니다.
- 기본적으로 숟가락을 사용하지 않기 때문에 국도 그릇을 손으로 들고 마십니다.
- 젓가락을 놓을 때는 젓가락 끝이 맞은편에 앉은 사람을 향하지 않도록 가로로 놓습니다.
- 젓가락 받침대를 항상 사용하며, 받침대가 없는 경우에는 젓가락이 들어 있던 봉투를 접어서 대신 사용합니다.
- 함께 먹는 음식은 공동으로 사용하는 젓가락이나 집게 등을 이용하여 자신의 접시에 덜어 먹습니다.
- 상대에게 음식을 건넬 때 자신의 젓가락에서 상대의 젓가락으로 직접 건네서는 안 됩니다.
- 생선을 먹을 때에는 윗부분을 먹은 후 뒤집지 않고 뼈를 떼어낸 후 아랫부분을 먹습니다.
- 국물이 있는 면을 먹을 때에는 후루룩 소리를 내며 마시듯이 먹으면 국물 맛을 더 잘 느낄 수 있다고 합니다.
- 술을 마실 때에는 상대의 잔이 다 비기 전에 첨잔을 하는 것이 예의입니다.
- 음식은 가능한 한 남기지 않으며, 남길 때에는 보이지 않도록 종이 등을 이용해 덮어 둡니다.

第4課

はじめてモノレールに乗りました

주요 문형

- 동사의 ます형
- ～を
- ～で

会話

野田　今日は早く家に帰りますね。何かありますか。

金　昨日、韓国から友達が来ました。

野田　そうですか。大学の友達ですか。

金　はい、一番親しい友達です。

野田　韓国は4月が中間テストの期間ですね。
友達にはどこで会いますか。

金　渋谷駅の前で会います。

野田　渋谷駅の前はいつも人でいっぱいですよね。
渋谷までは何で行きますか。

金　地下鉄で行きます。

野田　昨日、何かおいしいものは食べましたか。

金　私の好きなラーメン屋でラーメンを食べました。

野田　ビールは飲みませんでしたか。
金さん、ビールが好きですよね。

金　　ビールは夜(よる)、居酒屋(いざかや)で飲(の)みました。

野田　　なるほど。買(か)い物(もの)もしましたか。

金　　はい、原宿(はらじゅく)で友達(ともだち)の帽子(ぼうし)を買(か)いました。

野田　　他(ほか)にどこへ行(い)きましたか。

金　　お台場(だいば)へ行(い)きました。私(わたし)もはじめてモノレールに乗(の)りました。お台場(だいば)は夜景(やけい)がとてもきれいですね。

野田　　ですよね。それじゃ、友達はいつ帰(かえ)りますか。

金　　今週(こんしゅう)の日曜日(にちようび)に帰ります。

単語

一番(いちばん) 가장　親(した)しい 친하다　中間(ちゅうかん)テスト 중간고사
期間(きかん) 기간　いつも 항상　いっぱい 가득　地下鉄(ちかてつ) 지하철
もの 것, 물건　ラーメン 라면　~屋(や) ~가게　居酒屋(いざかや) 선술집, 술집
なるほど 과연, 그렇군요　買(か)い物(もの) 쇼핑　帽子(ぼうし) 모자
他(ほか)に 그밖에　~へ (방향)~로/으로　はじめて 처음으로　モノレール 모노레일
夜景(やけい) 야경　それじゃ 그럼　いつ 언제

文法

❶ 동사

동사의 기본형은 う단으로 끝나며, 활용에 따라 세 종류로 나뉜다.

5단동사 (1그룹동사)	**1단동사의 형태가 아닌 모든 동사** 예: いく・かう・まつ・よむ・はなす・のる 등
1단동사 (2그룹동사)	**「~い단・え단+る」 형태를 한 대부분의 동사** 예: おきる・みる・たべる・ねる 등
변격동사 (3그룹동사)	**来(く)る, する**

✎ 예외: 帰(かえ)る・走(はし)る・入(はい)る・切(き)る・知(し)る 등은 1단동사의 형태이지만 5단동사임에 주의.

[5단동사]

会(あ)う 만나다	買(か)う 사다	行(い)く 가다
聞(き)く 듣다, 묻다	書(か)く 쓰다	泳(およ)ぐ 헤엄치다
話(はな)す 이야기하다	待(ま)つ 기다리다	持(も)つ 가지다, 들다
立(た)つ 서다	死(し)ぬ 죽다	遊(あそ)ぶ 놀다
飲(の)む 마시다	読(よ)む 읽다	休(やす)む 쉬다
ある (사물)있다	乗(の)る 타다	撮(と)る (사진을)찍다
座(すわ)る 앉다	*帰(かえ)る 돌아가(오)다	*走(はし)る 달리다
*入(はい)る 들어가(오)다	*切(き)る 자르다, 끊다	*知(し)る 알다

[1단동사] 起(お)きる 일어나다　見(み)る 보다　いる (사람·동물)있다
降(お)りる 내리다　食(た)べる 먹다　寝(ね)る 자다

[변격동사] 来(く)る 오다　する 하다

❷ 동사의 정중체 기본 활용 (ます형)

	긍정형	부정형
현재·미래	~ます	~ません
과거	~ました	~ませんでした

① 5단동사: う단 → い단+ます

예: 行(い)く→行(い)きます　読(よ)む → 読(よ)みます

② 1단동사: る → ます

예: 見(み)る→見(み)ます　食(た)べる→食(た)べます

③ 변격동사: 来(く)る → 来(き)ます　する →します

今日(きょう)は学校(がっこう)に行(い)きます。

今日は学校に行きません。

昨日(きのう)は学校(がっこう)に行(い)きました。

昨日は学校に行きませんでした。

❸ ~を　(목적격 조사) ~을/를

いつもパンを食(た)べます。

毎日(まいにち)コーヒーを飲(の)みますか。

彼女(かのじょ)と映画(えいが)を見(み)ました。

この本(ほん)を読(よ)みましたか。

会(あ)う・乗(の)る는 を가 아닌 に를 사용하는 것에 주의.

友達(ともだち)に会(あ)いました。

バスに乗(の)りました。

❹ ~で　① (장소)~에서　② (도구)~로/으로

家(いえ)でテレビを見(み)ました。

図書館(としょかん)で日本語(にほんご)の勉強(べんきょう)をしました。

会社(かいしゃ)まで電車(でんしゃ)で来(き)ます。

韓国(かんこく)ではスプーンと箸(はし)で食(た)べます。

❺ 동사의 청유형 (ましょう・ましょうか) ~합시다, ~할까요

金(キム)さんも一緒(いっしょ)に行(い)きましょう。

バス停(てい)の前(まえ)で会(あ)いましょう。

あそこでちょっと休(やす)みましょうか。

どこかで何(なに)か飲(の)みましょうか。

❻ 때를 나타내는 표현(2)

朝(あさ) 아침	昼(ひる) 점심・낮	夜(よる) 저녁・밤
昨夜(ゆうべ) 어제 저녁・밤	今朝(けさ) 오늘 아침	今夜(こんや) 오늘 저녁・밤
午前(ごぜん) 오전	午後(ごご) 오후	一日中(いちにちじゅう) 하루종일

❼ 시간과 날짜

▶ 時(じ)

1時 いちじ	2時 にじ	3時 さんじ	4時 よじ	5時 ごじ	6時 ろくじ
7時 しちじ	8時 はちじ	9時 くじ	10時 じゅうじ	11時 じゅういちじ	12時 じゅうにじ

▶ 分(ふん)

1分 いっぷん	2分 にふん	3分 さんぷん	4分 よんぷん	5分 ごふん
6分 ろっぷん	7分 なな(しち)ふん	8分 はっぷん· はちふん	9分 きゅうふん	10分 じゅっぷん· じっぷん

▶ 月(がつ)

1月 いちがつ	2月 にがつ	3月 さんがつ	4月 しがつ	5月 ごがつ	6月 ろくがつ
7月 しちがつ	8月 はちがつ	9月 くがつ	10月 じゅうがつ	11月 じゅういちがつ	12月 じゅうにがつ

▶ 日(にち)

1日 ついたち	2日 ふつか	3日 みっか	4日 よっか	5日 いつか
6日 むいか	7日 なのか	8日 ようか	9日 ここのか	10日 とおか
11日 じゅういちにち	12日 じゅうににち	13日 じゅうさんにち	14日 じゅうよっか	15日 じゅうごにち
16日 じゅうろくにち	17日 じゅうしちにち	18日 じゅうはちにち	19日 じゅうくにち	20日 はつか
21日 にじゅういちにち	22日 にじゅうににち	23日 にじゅうさんにち	24日 にじゅうよっか	25日 にじゅうごにち
26日 にじゅうろくにち	27日 にじゅうしちにち	28日 にじゅうはちにち	29日 にじゅうくにち	30日 さんじゅうにち

❽ 요일

月曜日 げつようび	火曜日 かようび	水曜日 すいようび	木曜日 もくようび
金曜日 きんようび	土曜日 どようび	日曜日 にちようび	

単語

パン 빵　勉強(べんきょう) 공부　会社(かいしゃ) 회사　電車(でんしゃ) 전철
スプーン 숟가락　箸(はし) 젓가락　一緒(いっしょ)に 함께

練習

1. 예와 같이 대화를 완성해 봅시다.

> 예: 学校(がっこう)に行(い)く ➡ 学校に行きますか。
> いいえ、行きません。

① そのかばんを買(か)う

➡

② 明日(あした)も来(く)る

➡

③ 写真(しゃしん)を撮(と)る

➡

④ また寝(ね)る

➡

⑤ ここで降(お)りる

➡

2. 예와 같이 대화를 완성해 봅시다.

예: 昨日(きのう)・ビールを飲(の)む ➡ 昨日はビールを飲みましたか。
いいえ、飲みませんでした。

① 昨日(きのう)・家(いえ)で休(やす)む

➡

② 昨日・ニュースを見(み)る

➡

③ 昨日・早(はや)く帰(かえ)る

➡

④ 先週(せんしゅう)・彼氏(かれし)に会(あ)う

➡

⑤ 先週・日本語(にほんご)を勉強(べんきょう)する

➡

3. 예와 같이 대화를 완성해 봅시다.

예: 一緒に行く ➡ 一緒に行きましょうか。
はい、一緒に行きましょう。

① ここで待つ

➡

② 電車に乗る

➡

③ 早く起きる

➡

④ 駅まで走る

➡

⑤ 後で話す

➡

4. 예와 같이 대화를 완성해 봅시다.

> 예: 寝(ね)る・1時 ➡ 何時(なんじ)に寝(ね)ますか。
> 1時(いちじ)に寝ます。

① 起(お)きる・7時

➡

② 学校(がっこう)に来(く)る・9時

➡

③ 昼(ひる)ご飯(はん)を食(た)べる・12時

➡

④ 友達(ともだち)に会(あ)う・4時

➡

⑤ 家(いえ)に帰(かえ)る・11時

➡

5. 예와 같이 문장을 완성해 봅시다.

예: 子供(こども)の日(ひ)・5月5日 ➡ 子供の日は5月5日(ごがついつか)です。

① 入学式(にゅうがくしき)・4月2日

➡

② 正月(しょうがつ)・1月1日

➡

③ 学園祭(がくえんさい)・6月20日

➡

④ バレンタインデー・2月14日

➡

⑤ 私(わたし)の誕生日(たんじょうび)・○月○日

➡

単語

写真(しゃしん) 사진　ニュース 뉴스　早(はや)く 일찍, 빨리
彼氏(かれし) 남자친구　後(あと)で 나중에　日(ひ) 날, 해
入学式(にゅうがくしき) 입학식　正月(しょうがつ) 설날
学園祭(がくえんさい) 학교축제　バレンタインデー 발렌타인데이
誕生日(たんじょうび) 생일

マメ知識

전철과 지하철

일본에서는 지하로만 다니는 지하철과 그외의 전철을 구분해서 말합니다.

일본의 전철은 '일본여객철도(JR)'와 '사설철도(私鉄)'로 나뉘며, JR은 본래 국철이었으나 1987년에 민영화되었습니다. 도쿄 시내의 JR선은 '야마노테선(山手線)'이 있으며, 사설철도는 '게이오(京王)' '도큐(東急)' '세이부(西部)' 등의 회사에서 운영하는 전철이 있습니다.

지하철은 도쿄도에서 운영하는 '도영(都営) 지하철'과 '민영 지하철(営団)'로 나뉘며, 도쿄 시내의 대표적인 도영 지하철은 '아사쿠사선(都営浅草線)' '오에도선(都営大江戸線)', 민영 지하철은 '긴자선(銀座線)' '마루노우치선(丸ノ内線)' 등이 있습니다. 전철과 지하철의 운영 주체가 각각인 만큼 노선에 따라 환승할 때에 티켓을 따로 구입해야 하는 경우가 있으므로 주의해야 합니다.

한국에서는 통근수단으로 전철, 버스, 광역버스, 자가용 등을 비교적 골고루 이용하지만 일본에서는 거주지와 연령대, 사회적 지위 고하를 불문하고 전철과 지하철을 이용하는 통근이 일반적입니다.

交通
교통

バス 버스

電車(でんしゃ) 전철, 전동차

地下鉄(ちかてつ) 지하철

タクシー 택시

車(くるま) 자동차

自転車(じてんしゃ) 자전거

汽車(きしゃ) 기차

船(ふね) 배

飛行機(ひこうき) 비행기

オートバイ 오토바이

駅(えき) 역

改札口(かいさつぐち) 개찰구

東口(ひがしぐち) 동쪽 출구

西口(にしぐち) 서쪽 출구

南口(みなみぐち) 남쪽 출구

北口(きたぐち) 북쪽 출구

キオスク 역내 매점

バス停(てい) 버스 정류장

空港(くうこう) 공항

信号(しんごう) 신호등

赤信号(あかしんごう) 빨간불

青信号(あおしんごう) 파란불

歩道(ほどう) 보도, 인도

横断歩道(おうだんほどう) 횡단보도

車道(しゃどう) 차도

道路(どうろ) 도로

交差点(こうさてん) 사거리

歩道橋(ほどうきょう) 육교

ガソリンスタンド 주유소

駐車場(ちゅうしゃじょう) 주차장

第5課

美術館より動物園の方が好きです

주요 문형

- ～ながら
- ～たい
- ～と～とどちらが～
- ～より～の方が～

会話

金　日が長くなりましたね。

週末、どこかへ遊びに行きませんか。

野田　週末はアルバイトもないし、いいですよ。

私が案内します。どこへ行きたいですか。

金　そうですね。上野公園に行きたいです。

野田　学校からも近くていいですね。

上野公園の中には動物園や美術館もあります。

金　野田さんは動物園と美術館とどちらが好きですか。

野田　そうですね。子供の頃から動物園が好きでしたが、

最近は美術館も好きになりました。

金さんはどちらが好きですか。

金　私もどちらも好きですけど、美術館より動物園

の方がもう少し好きですね。

動物を見ながらボーッとするのが好きです。

野田　面白(おもしろ)いですね。私(わたし)もボーッとしたくなります。

じゃ、まず動物(どうぶつ)を見(み)に動物園(どうぶつえん)から行(い)きましょう。

金　嬉(うれ)しいな。日本(にほん)の動物園ははじめてです。

野田　それから、日本の市場(いちば)には興味(きょうみ)ありますか。

上野公園(うえのこうえん)の近(ちか)くに大(おお)きな市場がありますが、

とても賑(にぎ)やかで楽(たの)しいところです。

金　そこにもぜひ行(い)きたいですね。楽(たの)しみです。

単語

週末(しゅうまつ) 주말　~し ~하고　案内(あんない) 안내
~や (나열)~나/이나　美術館(びじゅつかん) 미술관　頃(ころ) 무렵
ボーッとする 멍해지다, 멍하니 있다　まず 우선, 일단　嬉(うれ)しい 기쁘다
興味(きょうみ) 흥미　近(ちか)く 가까이, 근처　大(おお)きな 커다란
市場(いちば) 시장　ぜひ 꼭　楽しみ 즐거움, 기대됨

文法

❶ ます형＋に　(목적) ~하러

映画館(えいがかん)へ映画(えいが)を見(み)に行(い)きます。

コーヒーを飲(の)みに行きましょうか。

金(キム)さんに会(あ)いに来(き)ました。

➡ 목적을 나타내는 に는 동작을 나타내는 명사에도 연결된다.

デパートへ買(か)い物(もの)に行きます。

❷ ます형＋ながら　~하면서

新聞(しんぶん)を読(よ)みながらご飯(はん)を食(た)べます。

音楽(おんがく)を聞(き)きながらレポートを書(か)きます。

ニュースを見(み)ながらビールを飲(の)みます。

❸ ます형＋たい　～하고 싶다

~たい는 형용사 활용하며, 목적격 조사로 が 또는 を를 취할 수 있다.

何(なに)か面白(おもしろ)い映画(えいが)が(を)見(み)たいです。

暑(あつ)いですね。プールで泳(およ)ぎたいです。

高(たか)いものはあまり買(か)いたくありません。

❹ 형용사의 연결 (어간＋くて)　～하고, ～해서

あの食堂(しょくどう)は安(やす)くておいしいです。

頭(あたま)がよくて優(やさ)しい人です。

学校(がっこう)が近(ちか)くていいですね。

❺ 형용사의 부사형 (어간＋く)　～하게

今日(きょう)は早(はや)く家(いえ)に帰(かえ)りたいです。

髪(かみ)を短(みじか)く切(き)りました。

夜遅(よるおそ)くまで本(ほん)を読(よ)みました。

6 형용동사의 연결 (어간＋で) ~하고, ~해서

彼(かれ)はいつもまじめで親切(しんせつ)です。

静(しず)かできれいな店(みせ)ですね。

交通(こうつう)が不便(ふべん)で大変(たいへん)です。

7 형용동사의 부사형 (어간＋に) ~하게

これからまじめに勉強(べんきょう)します。

漢字(かんじ)を上手(じょうず)に書(か)きますね。

もう少(すこ)し静(しず)かに話(はな)しましょう。

8 부사형＋なる (변화) ~하게 되다, ~해지다

去年(きょねん)から親(した)しくなりました。

部屋(へや)が明(あか)るくなりました。

昔(むかし)よりとてもきれいになりました。

最近(さいきん)、猫(ねこ)が好(す)きになりました。

명사＋になる로도 '~이/가 되다'라는 변화를 나타낸다.

春(はる)になりました。

弟(おとうと)は医者(いしゃ)になりました。

⑨ AとBとどちらが~ A와 B 중에서 무엇(누구/어디/언제)이 더~
AよりBの方(ほう)が~ A보다 B가 더~

ソウルと東京(とうきょう)とどちらが暑(あつ)いですか。

夏(なつ)と冬(ふゆ)とどちらが好(す)きですか。

鈴木(すずき)さんと高橋(たかはし)さんとどちらが背(せ)が高(たか)いですか。

A: 野球(やきゅう)とサッカーとどちらが得意(とくい)ですか。

B: 私(わたし)は野球よりサッカーの方(ほう)が得意です。

C: 私(わたし)はどちらも得意ではありません。

単語

朝(あさ)ご飯(はん) 아침밥　音楽(おんがく) 음악　レポート 레포트
プール 수영장　頭(あたま) 머리　髪(かみ) 머리카락　店(みせ) 가게
交通(こうつう) 교통　漢字(かんじ) 한자　もう少(すこ)し 조금 더
昔(むかし) 옛날, 예전　最近(さいきん) 최근, 요즘　春(はる) 봄　医者(いしゃ) 의사
方(ほう) 쪽, 편　夏(なつ) 여름　冬(ふゆ) 겨울　背(せ)が高(たか)い 키가 크다
サッカー 축구　どちらも 양쪽 다, 둘 다

練習

1. 예와 같이 문장을 완성해 봅시다.

～に

예: 映画(えいが)を見(み)る・映画館(えいがかん)・行(い)く ➡ 映画を見に映画館へ行きました。

① 写真(しゃしん)を撮(と)る・公園(こうえん)・行(い)く

➡

② 勉強(べんきょう)する・図書館(としょかん)・行く

➡

③ 遊(あそ)ぶ・友達(ともだち)の家(いえ)・来(く)る

➡

④ パンダを見(み)る・動物園(どうぶつえん)・来る

➡

⑤ タバコを吸(す)う・外(そと)・出(で)る

➡

~ながら

예: 音楽を聞く・レポートを書く

➡ 音楽を聞きながらレポートを書きます。

① お茶を飲む・話す

➡

② ポップコーンを食べる・映画を見る

➡

③ 辞書を引く・日本語の小説を読む

➡

④ 歌を歌う・ピアノを弾く

➡

⑤ チャットする・ゲームをする

➡

~たい

예: 面白(おもしろ)い映画(えいが)を見(み)る ➡ 面白い映画が見たいです。

① 家(いえ)でゆっくり休(やす)む

➡

② 新(あたら)しい携帯(けいたい)を買(か)う

➡

③ 早(はや)く就職(しゅうしょく)する

➡

④ 彼女(かのじょ)に会(あ)う

➡

⑤ インドへ旅行(りょこう)に行(い)く

➡

2. 예와 같이 문장을 완성해 봅시다.

예: あの食堂・安い・おいしい ➡ あの食堂は安くておいしいです。
彼・まじめだ・親切だ ➡ 彼はまじめで親切です。

① このノートパソコン・小さい・軽い

➡

② アルバイト先・駅から遠い・不便だ

➡

③ 先輩・人がいい・かっこいい

➡

④ この町・賑やかだ・買い物に便利だ

➡

⑤ あの学生・日本語が上手だ・まじめだ

➡

3. 예와 같이 문장을 완성해 봅시다.

예: 部屋(へや)が明(あか)るい ➡ 部屋が明るくなりました。
猫(ねこ)が好(す)きだ ➡ 猫が好きになりました。

① 返事(へんじ)が遅(おそ)い

➡

② 髪(かみ)が長(なが)い

➡

③ 勉強(べんきょう)が楽(たの)しい

➡

④ 料理(りょうり)が上手(じょうず)だ

➡

⑤ 仕事(しごと)が楽(らく)だ

➡

4. 예와 같이 대화를 완성해 봅시다.

예: 野球(やきゅう)・サッカー・得意(とくい)だ
➡ 野球とサッカーとどちらが得意ですか。
野球よりサッカーの方が得意です。

① バス・電車(でんしゃ)・便利(べんり)だ

➡

② 九州(きゅうしゅう)・北海道(ほっかいどう)・寒(さむ)い

➡

③ ビール・焼酎(しょうちゅう)・おいしい

➡

④ 春(はる)・秋(あき)・好(す)きだ

➡

⑤ 李(イ)さん・朴(パク)さん・英語(えいご)が上手(じょうず)だ

➡

単語

公園(こうえん) 공원　動物園(どうぶつえん) 동물원　パンダ 팬더곰
タバコ 담배　吸(す)う 피우다　出(で)る 나다, 나가(오)다, 나서다　お茶(ちゃ) 차, 녹차
ポップコーン 팝콘　辞書(じしょ)を引(ひ)く 사전을 찾다　小説(しょうせつ) 소설
歌(うた) 노래　歌(うた)う (노래를)부르다　弾(ひ)く 연주하다　チャット 채팅　ゲーム 게임
ゆっくり 천천히, 여유 있게　就職(しゅうしょく) 취직　インド 인도　旅行(りょこう) 여행
ノートパソコン 노트북　アルバイト先(さき) 아르바이트하는 곳　返事(へんじ) 대답, 답장
楽(らく)だ 편안하다, 편하다　秋(あき) 가을　焼酎(しょうちゅう) 소주

マメ知識

하나미(はなみ)

'はなみ(花見)'는 '꽃구경'이라는 의미이지만 주로 벚꽃놀이를 가리킵니다.

본래는 신분이 높은 사람들이 즐기는 행사였으나 에도시대(江戸時代: 1603–1867) 중반 이후부터 전국 각지에 벚꽃 명소가 생기면서 서민들의 오락으로 정착되었습니다.

일본에서는 지역에 따라 3월 하순에서 5월 초에 걸쳐 벚꽃이 피며, 학교나 회사에서 단체로 벚꽃놀이를 가는 경우도 많습니다. 벚꽃나무 아래에 자리를 펴고 앉아 주로 맥주 등을 마시며, 노래방 기기(カラオケ)를 설치하고 노래를 부르며 즐기기도 합니다.

봄은 학교와 회사의 신입생, 신입사원이 들어오는 시기이므로 환영회를 겸하여 벚꽃놀이를 가기도 합니다.

인기 있는 벚꽃 명소는 좋은 자리를 확보하기 위한 경쟁이 치열하기 때문에 신입사원들은 회사로 출근하지 않고 아침부터 벚꽃놀이 장소를 확보하여 지키고 있기도 하며, 며칠 전부터 자리를 예약하는 표시를 해 두는 경우도 있습니다.

도쿄에는 대표적인 벚꽃 명소인 우에노공원(上野公園)을 비롯하여 히비야공원(日比谷公園), 신주쿠교엔(新宿御苑), 이노카시라공원(井の頭公園) 등 벚꽃놀이를 즐길 수 있는 장소가 도처에 자리하고 있습니다.

우에노공원은 도쿄의 대표적인 공원이기도 하며, 1873년에 개원한 일본 최초의 근대적인 공원입니다. 국립서양미술관, 동물원, 국립과학박물관, 도쿄문화회관 등이 있어 벚꽃철이 아닌 시기에도 많은 사람들이 찾으며, 공원 내에 있는 연못 시노바즈노이케(不忍の池)에는 여름철 연꽃이 장관을 이루기도 합니다.

動物
동물

いぬ[犬] 개
とら[虎] 호랑이
うま[馬] 말
ぶた[豚] 돼지
うさぎ[兎] 토끼
ぞう[象] 코끼리
しか[鹿] 사슴
りす 다람쥐
きつね 여우
いのしし 멧돼지
へび[蛇] 뱀
くじら 고래
かもめ 갈매기
かも 오리
すずめ[雀] 참새
からす 까마귀
ねこ[猫] 고양이
ライオン 사자
うし[牛] 소
ひつじ[羊] 양
さる[猿] 원숭이
きりん 기린
くま[熊] 곰
ねずみ 쥐
おおかみ 늑대
りゅう[竜] 용
かめ[亀] 거북이
いるか 돌고래
にわとり[鶏] 닭
はと 비둘기
かささぎ 까치

야스쿠니와 벚꽃

일본인들에게 '꽃'이라는 보통명사는 그 자체로 '벚꽃'을 가리키기도 합니다. 예로부터 일본인들에게 벚꽃은 꽃 중의 꽃이고, 가장 꽃다운 꽃인 거지요. 벚꽃은 화려하기는 하지만 개화 기간은 허망할 정도로 짧습니다. 그래서인지 벚꽃은 아깝고 의로운 죽음을 미화시키는 단골 도구였습니다. 사무라이의 할복 장면은 바람에 눈발처럼 날리는 벚꽃 잎으로 장식해야 제격이라는 정서는 에도시대 서민들의 읽을거리에서도 보입니다. 이런 전통 속에서 산화(散華, 散花)는 옥쇄(玉碎)와 함께 전장에서의 죽음을 미화하는 용어로 정착했습니다.

가미카제 특공대원들은 "야스쿠니 신사의 벚나무 밑에서 만나자"는 맹세를 주고받고 결코 돌아올 수 없는 길을 떠났습니다. 이들의 위패가 있는 야스쿠니 신사는 도쿄의 '사쿠라 개화'를 공식적으로 알리는 기준이 되는 곳이기도 합니다. 야스쿠니 신사 경내에 있는 세 그루의 표본목(그 중 한 그루만 일반에 공개하고 나머지 두 그루의 소재에 대해서는 관계자만 알고 있다고 합니다) 중 한 그루라도 꽃망울을 5, 6개 이상 터뜨리면 '개화'로 봅니다.

第6課

食べ物を持ち込んではいけません

주요 문형

- 동사의 て형
- ～ている
- ～てある

会話

野田(のだ)　ごめんなさい！道(みち)がとても混(こ)んでいて遅(おそ)くなりました。金(キム)さんはもう来(き)ていましたね。

金(キム)　いいえ、大丈夫(だいじょうぶ)ですよ。映画(えいが)が始(はじ)まるまでまだ時間(じかん)もありますし。チケットを買(か)いましょう。

(チケットボックスに行(い)って) 4時(よじ)20分(にじゅっぷん)のを2枚(にまい)ください。

職員(しょくいん)　4時20分のを2枚ですね。3千円(さんぜんえん)です。

はい、チケットはこちらです。入(い)り口(ぐち)の隣(となり)に映画(えいが)のポストカードが置(お)いてあります。自由(じゆう)に取(と)ってください。

金　ありがとうございます。映画館(えいがかん)の中(なか)に食(た)べ物(もの)や飲(の)み物(もの)を持(も)ち込(こ)んでもいいですか。

職員　飲(の)み物(もの)は大丈夫(だいじょうぶ)ですが、食べ物を持ち込んではいけません。すみません。

金　あ、そうですか。分(わ)かりました。

(野田(のだ)さんに) 小(ちい)さいけど、素敵(すてき)な映画館(えいがかん)ですね。

野田　でしょう？それに、いつもいい映画(えいが)を上映(じょうえい)しています。

金　あそこに色々(いろいろ)な映画(えいが)のポスターが貼(は)ってありますね。ポスターの前(まえ)で写真(しゃしん)を撮(と)ってくださいませんか。

野田　いいですよ。そちらに立(た)ってください。
もう少(すこ)し前(まえ)の方(ほう)に来(き)てください。撮(と)りますよ。
笑(わら)ってください。はい、チーズ。

単語

道(みち) 길　混(こ)む 붐비다　もう 이미, 이제　始(はじ)まる 시작되다
たくさん 많이　チケット 티켓　チケットボックス 매표소　ポストカード 엽서
置(お)く 두다　自由(じゆう)だ 자유롭다　取(と)る 잡다, 집다, 가져가(오)다
飲(の)み物(もの) 음료수　持(も)ち込(こ)む 반입하다　でしょう? 그렇죠?
それに 게다가　上映(じょうえい) 상영　色々(いろいろ)だ 여러 가지다
~てくださいませんか ~해 주시지 않겠습니까?

文法

❶ 동사의 연결 (て형) ~하고, ~해서, ~해

동사의 て형은 기본적으로 ます형과 동일하나, 5단동사의 경우에는 음편(편한 발음으로 변화하는 현상)이 일어나 세 가지의 상이한 형태로 활용한다.

ます형 =て형	1단동사	る → て 예: 見る → 見て　食べる → 食べて
	변격동사	来る → 来て する → して
	~す	う단 → い단+て 예: 話す → 話して
ます형 ≠て형	~く・ぐ (い음편)	く → いて　ぐ → いで 예: 書く → 書いて　泳ぐ → 泳いで
	~う・つ・る (촉음편)	う・つ・る → って 예: 会う → 会って　待つ → 待って　乗る → 乗って
	~ぬ・ぶ・む (발음편)	ぬ・ぶ・む → んで 예: 死ぬ → 死んで　遊ぶ → 遊んで　読む → 読んで

✎ 예외: 行く → 行って

ご飯を食べて、新聞を読みました。

明日、カメラを持って行きます。

コンビニに行って、カップラーメンを買って来ました。

❷ ~てください　~해 주세요, ~하세요

ちょっと待ってください。

ゆっくり休んでください。

どんどん食べてください。

あの席に座ってください。

❸ ~ている　① ~하고 있다(진행) ② ~해 있다(상태)

少し急いでいます。

図書館で本を探しています。

ドアが開いています。

一日中テレビの前に座っています。

❹ ~てある　① ~해져 있다(상태) ② ~해 두었다(완료)

著者の名前が書いてあります。

壁にポスターが貼ってあります。

飛行機の予約はしてあります。

단순한 상태를 나타내는 ~ている와는 달리 ~てある에는 누군가가 의도적으로 해 두었다는 함의가 있으며, 타동사에만 사용된다.

❺ ~てもいいです ~해도 됩니다 (허가)

写真(しゃしん)を撮(と)ってもいいです。

彼女(かのじょ)に話(はな)してもいいです。

笑(わら)ってもいいですが、彼(かれ)は本気(ほんき)です。

❻ ~てはいけません ~해서는 안 됩니다 (금지)

中(なか)に入(はい)ってはいけません。

映画館(えいがかん)で携帯電話(けいたいでんわ)を使(つか)ってはいけません。

A: ここでタバコを吸(す)ってもいいですか。

B: いいえ、タバコを吸(す)ってはいけません。

❼ 수사(3)

	百(ひゃく)	千(せん)	万(まん)
1	ひゃく	せん	いちまん
2	にひゃく	にせん	にまん
3	さんびゃく	さんぜん	さんまん
4	よんひゃく	よんせん	よんまん
5	ごひゃく	ごせん	ごまん
6	ろっぴゃく	ろくせん	ろくまん
7	ななひゃく	ななせん	ななまん
8	はっぴゃく	はっせん	はちまん
9	きゅうひゃく	きゅうせん	きゅうまん
何	なんびゃく	なんぜん	なんまん

❽ 사물을 세는 단위

	台(だい) 큰 물건	枚(まい) 얇고 평평한 물건	個(こ) 작은 물건	本(ほん) 가늘고 긴 물건	冊(さつ) 책
1	いちだい	いちまい	いっこ	いっぽん	いっさつ
2	にだい	にまい	にこ	にほん	にさつ
3	さんだい	さんまい	さんこ	さんぼん	さんさつ
4	よんだい	よんまい	よんこ	よんほん	よんさつ
5	ごだい	ごまい	ごこ	ごほん	ごさつ
6	ろくだい	ろくまい	ろっこ	ろっぽん	ろくさつ
7	なな(しち)だい	なな(しち)まい	ななこ	ななほん	ななさつ
8	はちだい	はちまい	はっ(はち)こ	はっぽん	はっさつ
9	きゅうだい	きゅうまい	きゅうこ	きゅうほん	きゅうさつ
10	じゅうだい	じゅうまい	じゅっこ	じゅっぽん	じゅっさつ
何	なんだい	なんまい	なんこ	なんぼん	なんさつ

単語

カメラ 카메라　カップラーメン 컵라면　ください 주세요
どんどん 속속, 척척　席(せき) 자리　探(さが)す 찾다　ドア 문
開(あ)く 열리다　著者(ちょしゃ) 저자　名前(なまえ) 이름　壁(かべ) 벽
ポスター 포스터　貼(は)る 붙이다　飛行機(ひこうき) 비행기　予約(よやく) 예약
笑(わら)う 웃다　本気(ほんき) 진심, 제정신　使(つか)う 사용하다

練習

1. 예와 같이 문장을 완성해 봅시다.

예: ご飯(はん)を食(た)べる・新聞(しんぶん)を読(よ)む

➡ ご飯を食べて、新聞を読みました。

① 洗濯(せんたく)をする ・ 休(やす)む

➡

② 外(そと)に出(で)る ・ 話(はな)す

➡

③ お酒(さけ)を飲(の)む ・ カラオケに行(い)く

➡

④ 用事(ようじ)がある ・ 早(はや)く帰(かえ)る

➡

⑤ 歯(は)を磨(みが)く ・ 顔(かお)を洗(あら)う

➡

2. 예와 같이 문장을 완성해 봅시다.

～てください

예: ちょっと待(ま)つ ➡ ちょっと待ってください。

① 先生(せんせい)に聞(き)く

➡

② きれいに掃除(そうじ)する

➡

③ 必(かなら)ず薬(くすり)を飲(の)む

➡

④ 遊(あそ)びに来(く)る

➡

⑤ 電気(でんき)をつける

➡

～ている

예: ドアが開(あ)く ➡ ドアが開いています。

① 夕食(ゆうしょく)を食(た)べる

➡

② 母(はは)を手伝(てつだ)う

➡

③ 車(くるま)が止(と)まる

➡

④ ソウルに住(す)む

➡

⑤ 窓(まど)が閉(し)まる

➡

3. 예와 같이 대화를 완성해 봅시다.

예: ここでタバコを吸(す)う
➡ ここでタバコを吸ってもいいですか。
いいえ、ここでタバコを吸ってはいけません。

① ボールペンで書(か)く
➡

② エスカレーターの上(うえ)で走(はし)る
➡

③ 先生(せんせい)に見(み)せる
➡

④ 電気(でんき)を消(け)す
➡

⑤ 友達(ともだち)を呼(よ)ぶ
➡

4. 예와 같이 대화를 완성해 봅시다.

예: りんご2個・メロン1個・700円
➡ りんご2個(にこ)とメロン1個(いっこ)で700円(ななひゃくえん)です。

① すいか1個 ・ なし6個 ・ 1350円

➡

② 消(け)しゴム5個 ・ 鉛筆(えんぴつ)3本 ・ 860円

➡

③ CD(シーディー)3枚 ・ 本(ほん)1冊 ・ 6460円

➡

④ ビール8本 ・ 焼酎(しょうちゅう)6本 ・ 3680円

➡

⑤ 扇風機(せんぷうき)1台 ・ トースター1台 ・ 18500円

➡

単語

洗濯(せんたく) 세탁, 빨래　お酒(さけ) 술　カラオケ 노래방
用事(ようじ) 볼일　歯(は) 이, 치아　磨(みが)く 닦다　顔(かお) 얼굴　洗(あら)う 씻다
掃除(そうじ) 청소　必(かなら)ず 반드시　薬(くすり)を飲(の)む 약을 먹다
電気(でんき) 전기, 불　つける 붙이다, 켜다　夕食(ゆうしょく) 저녁식사
手伝(てつだ)う 돕다　車(くるま) 자동차　止(と)まる 멈춰 서다　住(す)む 살다
閉(し)まる 닫히다　エスカレーター 에스컬레이터　見(み)せる 보이다, 보여 주다
消(け)す 끄다, 지우다　呼(よ)ぶ 부르다　メロン 멜론　~で (기준)~에　すいか 수박
なし 배　消(け)しゴム 지우개　扇風機(せんぷうき) 선풍기　トースター 토스터

マメ知識

일본의 영화

일본 내에서 자국의 영화는 '방화(邦画)'라고 합니다. 애니메이션 강국인 일본에서 영화는 애니메이션에 비하여 큰 호응을 받지 못하는 경우도 있지만, 해외에서의 일본 영화에 대한 관심은 지대합니다.

일본 영화를 세계에 널리 알린 감독으로는 구로사와 아키라(黒澤明: 1910–1998)와 오즈 야스지로(小津安二郎: 1903–1963)가 있습니다.

구로사와 아키라는 '현대 영화계의 셰익스피어'라고 일컬어질 만큼 세계 영화계의 추앙을 받은 감독으로, 서구문학의 영향을 받은 장대한 스케일과 역동감 넘치는 영상, 선 굵은 연출로 작품성과 오락성 모두 뛰어나다는 평가를 받았습니다. 대표작으로는 「7인의 사무라이(七人の侍)」, 「라쇼몽(羅生門)」, 「요짐보(用心棒)」 등이 있으며, 이 중 「7인의 사무라이」와 「요짐보」 등은 서부극을 비롯한 서양 액션영화에 영향을 끼치며 각각 「황야의 7인」, 「황야의 무법자」로 리메이크되기도 했습니다.

오즈 야스지로는 구로사와 아키라와는 대조되는 정적이고 관조적인 영화 미학으로 유명하며, 대표작으로는 「동경 이야기(東京物語)」, 「만춘(晩春)」 등이 있습니다. 빔 벤더스, 짐 자무쉬, 허우 샤오시엔을 비롯한 후대의 많은 작가주의 영화감독들에게 영향을 주었습니다.

재패니메이션으로 불리는 일본 애니메이션 영화계의 거장으로는 스튜디오 지브리의 미야자키 하야오(宮崎駿)를 빼놓을 수 없을 것입니다. 특히 「원령공주(もののけ姫)」, 「센과 치히로의 행방불명(千と千尋の神隠し)」 등은 국제영화제에서 수상했을 뿐 아니라 일본 영화 흥행성적의 기록을 갱신한 작품이기도 합니다.

野菜と果物
야채와 과일

じゃがいも 감자

だいこん[大根] 무

かぼちゃ 호박

ほうれんそう 시금치

ねぎ 파

にんにく 마늘

レタス 양상추

とうがらし[唐辛子] 고추

りんご 사과

みかん 귤

すいか 수박

ぶどう 포도

あんず 살구

トマト 토마토

メロン 멜론

バナナ 바나나

さつまいも 고구마

にんじん[人参] 당근

きゅうり 오이

はくさい[白菜] 배추

たまねぎ 양파

キャベツ 양배추

なす 가지

きのこ 버섯

なし 배

いちご 딸기

もも[桃] 복숭아

かき 감

すもも 자두

パイナップル 파인애플

レモン 레몬

グレープフルーツ 자몽

第7課

韓屋村に行ったことがあります

주요 문형

- 동사의 た형
- ～たり
- ～たら

会話

(野田と金はゴールデンウィークにソウルに来ている。)

金　　野田さんも交換留学生として来たことがありますから、ソウルはよく知っていますよね？どこから行きたいですか。

野田　せっかく韓国に来たから仁寺洞には行った方がいいでしょうね。近くにある韓屋村も大好きですし。

金　　韓屋村にも行ったことがありますか。
私は行ったことありませんが。

野田　韓国の大学の先生に紹介していただきましたが、韓国にいた時は、よくその辺を歩いたり、写真を撮ったりしました。

金　　じゃ、とりあえずそこには行きましょう。
他にも行きたいところがあったら言ってください。

野田　時間があったら明洞に買い物に行きたいですね。

安(やす)くてかわいい服(ふく)や化粧品(けしょうひん)などを売(う)っている店(みせ)が揃(そろ)っていますから。

金　何(なに)か食(た)べたいものはありませんか。

野田　もちろんあります。カルビと、サムゲタンと、ビビンバと…。あと、トッポッキと冷麺(れいめん)も食(た)べたいです。

金　カルビは夕食(ゆうしょく)で食(た)べた方(ほう)がいいから、仁寺洞(インサドン)へ行(い)ったらビビンバから食(た)べましょうか。

野田　そうしましょう。もうお腹(なか)が空(す)きました。

単語

ゴールデンウィーク 황금연휴　~として (자격) ~로서/으로서
~から ~하니까　せっかく 모처럼　~でしょう (추측) ~하겠습니다　村(むら) 마을
紹介(しょうかい) 소개　辺(へん) 주변　歩(ある)く 걷다　とりあえず 우선
服(ふく) 옷　化粧品(けしょうひん) 화장품　~など ~등　売(う)る 팔다
揃(そろ)う 갖춰지다, 모이다　もちろん 물론　あと 그리고, 앞으로
冷麺(れいめん) 냉면　そう 그렇게　お腹(なか)が空(す)く 배가 고파지다

文法

❶ 동사의 과거형 (た형) ~했다

동사의 た형은 て형과 동일하게 활용한다.

ます형 =た형	1단동사	る→た 예: 見(み)る→見(み)た　食(た)べる→食(た)べた
	변격동사	来(く)る→来(き)た する→した
	~す	う단→い단+た 예: 話(はな)す→話(はな)した
ます형 ≠た형	~く・ぐ (い음편)	く→いた　ぐ→いだ 예: 書(か)く→書(か)いた　泳(およ)ぐ→泳(およ)いだ
	~う・つ・る (촉음편)	う・つ・る→った 예: 会(あ)う→会(あ)った　待(ま)つ→待(ま)った　乗(の)る→乗(の)った
	~ぬ・ぶ・む (발음편)	ぬ・ぶ・む→んだ 예: 死(し)ぬ→死(し)んだ　遊(あそ)ぶ→遊(あそ)んだ　読(よ)む→読(よ)んだ

✎ **예외: 行(い)く→行(い)った**

東京(とうきょう)タワーで記念写真(きねんしゃしん)を撮(と)った。

久(ひさ)しぶりに高校(こうこう)の友達(ともだち)に会(あ)った。

風邪(かぜ)を引(ひ)いて薬(くすり)を飲(の)んだ。

❷ ~たことがある　~한 적이 있다

ドラマを見(み)ながら泣(な)いたことがあります。

富士山(ふじさん)に登(のぼ)ったことがあります。

お酒(さけ)を飲(の)んで酔(よ)っ払(ぱら)ったことがあります。

❸ ~た方(ほう)がいい　~하는 게 좋다 (권유)

よく考(かんが)えた方(ほう)がいいです。

そんなことはちゃんと話(はな)した方(ほう)がいいです。

新聞(しんぶん)の経済面(けいざいめん)ぐらいは読(よ)んだ方(ほう)がいいです。

❹ ~たり　① ~하거나, ~하기도 하고 ② ~했다가

友達(ともだち)に会(あ)ったり家(いえ)でのんびりしたりします。

お風呂(ふろ)に入(はい)ったりヨーガをしたりします。

ソウルと東京(とうきょう)を行(い)ったり来(き)たりします。

❺ ~たら　① ~하면(조건) ② ~했더니

雨(あめ)が降(ふ)ったら、運動会(うんどうかい)は中止(ちゅうし)です。

質問(しつもん)があったら、何(なん)でも聞(き)いてください。

ドアを開けたら、男の人が一人立っていました。

➾ 동사뿐 아니라 모든 품사의 과거형＋ら의 형태로 사용.

天気がよかったら、公園へ遊びに行きましょう。

暇だったら、掃除をお願いしてもいいですか。

学生だったら、割引になります。

❻ 수수표현

あげる	주다 (나→X 또는 X→Y)	さしあげる	드리다
くれる	주다 (X→나)	くださる	주시다
もらう	받다	いただく	받다 (겸양어)

✎ くださる의 ます형은 くださいます임에 주의.

私は野田さんにプレゼントをあげました。

野田さんは私にお土産をくれました。

= 私は野田さんにお土産をもらいました。

私は先生にお手紙をさしあげました。

先生は私に本をくださいました。

= 私は先生に本をいただきました。

❼ て형 + 수수표현

私は野田さんに韓国語を教えてあげました。

野田さんは私に料理を作ってくれました。

= 私は野田さんに料理を作ってもらいました。

先生は私にもう一度説明してくださいました。

= 私は先生にもう一度説明していただきました。

単語

タワー 타워　記念(きねん) 기념　久(ひさ)しぶりだ 오랜만이다
風邪(かぜ)を引(ひ)く 감기에 걸리다　こと 것, 일, 사항　ドラマ 드라마　泣(な)く 울다
富士山(ふじさん) 후지산　登(のぼ)る 오르다　酔(よ)っ払(ぱら)う 취하다
よく 잘, 자주　考(かんが)える 생각하다　そんな 그런　ちゃんと 제대로, 똑바로
経済面(けいざいめん) 경제면　のんびりする 느긋하게 보내다
お風呂(ふろ)に入(はい)る 목욕하다　ヨーガ 요가　降(ふ)る (비·눈이) 내리다
運動会(うんどうかい) 운동회　中止(ちゅうし) 중지　質問(しつもん) 질문
何(なん)でも 무엇이라도, 무엇이든　開(あ)ける 열다　割引(わりびき) 할인
プレゼント 선물　お土産(みやげ) 토산품, 기념품　手紙(てがみ) 편지
教(おし)える 가르치다　作(つく)る 만들다　もう一度(いちど) 한 번 더
説明(せつめい) 설명

練習

1. 예와 같이 문장을 바꾸어 봅시다.

예: 東京タワーで記念写真を撮りました。

➡ 東京タワーで記念写真を撮った。

① アルバイトがあって朝早く起きました。

➡

② 鈴木さんは大阪へ出張に行きました。

➡

③ 中学生の時からギターを習いました。

➡

④ 先輩から日本語の辞書を借りました。

➡

⑤ 時計が故障して新しいのを買いました。

➡

2. 예와 같이 문장을 완성해 봅시다.

～たことがある

예: 富士山(ふじさん)に登(のぼ)る ➡ 富士山に登ったことがあります。

① 犬(いぬ)を飼(か)う

➡

② お金(かね)がなくて困(こま)る

➡

③ 健康(けんこう)のためにタバコをやめる

➡

④ あの人(ひと)とは一度(いちど)だけ話(はな)す

➡

⑤ 朝寝坊(あさねぼう)して授業(じゅぎょう)に遅(おく)れる

➡

～た方がいい

예: よく考(かんが)える ➡ よく考えた方がいいです。

① 家(いえ)に帰(かえ)って休(やす)む

➡

② 正直(しょうじき)に言(い)う

➡

③ 早(はや)く決(き)める

➡

④ もっと練習(れんしゅう)する

➡

⑤ たまには遊(あそ)ぶ

➡

～たり

> 예: 友達に会う・家でのんびりする
> ➡ 友達に会ったり家でのんびりしたりします。

① コーヒーを飲む・音楽を聞く

➡

② 山を登る・海で泳ぐ

➡

③ 電話をかける・メールを送る

➡

④ レポートを書く・予習する

➡

⑤ 電気がつく・消える

➡

～たら

예: 質問(しつもん)がある・何(なん)でも聞(き)く

➡ 質問があったら、何でも聞いてください。

① 家(いえ)に帰(かえ)る・手(て)を洗(あら)う

➡

② 袋(ふくろ)を開(あ)ける・すぐ食(た)べる

➡

③ 眠(ねむ)い・コーヒーを飲(の)む

➡

④ 具合(ぐあい)が悪(わる)い・病院(びょういん)へ行(い)く

➡

⑤ 暑(あつ)くない・クーラーは消(け)す

➡

単語

出張(しゅっちょう) 출장　ギター 기타　習(なら)う 배우다
借(か)りる 빌리다　時計(とけい) 시계　故障(こしょう)する 고장나다
飼(か)う 키우다　ない 없다　困(こま)る 곤란해하다　健康(けんこう) 건강
~のために ~을/를 위해서, ~때문에　やめる 그만두다　~だけ ~뿐, 만
朝寝坊(あさねぼう) 늦잠　授業(じゅぎょう) 수업　遅(おく)れる (시간에) 늦다
正直(しょうじき)だ 정직하다, 솔직하다　決(き)める 정하다　もっと 더욱
練習(れんしゅう) 연습　たまに 가끔　海(うみ) 바다　かける 걸다　メール 메일

3. 예와 같이 문장을 바꾸어 봅시다.

> 예: 野田さんが料理を作ってくれました。
>
> ➡ 野田さんに料理を作ってもらいました。

① 彼女がハンカチを貸してくれました。

➡

② 先輩が発表の準備を手伝ってくれました。

➡

③ 友達が空港まで来てくれました。

➡

④ 先生が相談に乗ってくださいました。

➡

⑤ 先生が漢字の読み方を教えてくださいました。

➡

単語

送(おく)る 보내다　予習(よしゅう) 예습　つく 붙다, 켜지다
消(き)える 꺼지다, 지워지다, 사라지다　袋(ふくろ) 봉지　すぐ 바로　眠(ねむ)い 졸리다
具合(ぐあい)が悪(わる)い 몸이 안 좋다　病院(びょういん) 병원　クーラー 냉방기
貸(か)す 빌려주다　ハンカチ 손수건　発表(はっぴょう) 발표　準備(じゅんび) 준비
空港(くうこう) 공항　相談(そうだん)に乗(の)る 상담에 응하다　~方(かた) ~하는 방법

マメ知識

일본의 한국 음식

일본에서 한국 음식은 '한국요리(韓国料理)'라고 불립니다. 일본뿐 아니라 세계적으로 가장 유명한 한국 음식은 아마도 김치(キムチ)이겠지만, 한국식으로 즉석에서 구워 먹는 고기인 '야키니쿠(焼き肉)' 또한 김치 못지 않게 유명합니다.

육식 문화를 서양으로부터 받아들였던 일본에서 야키니쿠를 처음 먹기 시작한 것은 일본의 패전 후 식량난을 겪던 때에 재일 한국인이 육류의 내장을 구워서 팔았던 '호르몬야키(ホルモン焼き)'부터였다고 합니다.

야키니쿠는 일본에서 가장 선호하는 외식으로 꼽힐 정도로 인기가 많은 음식이며, 야키니쿠를 파는 '야키니쿠야(焼き肉屋)'는 고기 이외에도 다양한 한국 음식을 팔고 있는 한국 음식점인 경우가 대부분입니다.

이외에 일본에서 유명한 한국 음식으로는 비빔밥(ビビンバ), 돌솥비빔밥(石焼ビビンバ), 삼계탕(サムゲタン), 갈비탕(カルビタン), 국밥(クッパ), 부침개(チヂミ), 냉면(冷麺), 떡볶이(トッポッキ) 등이 있습니다.

食料品
식료품

米(こめ) 쌀
缶詰(かんづめ) 통조림
ソーセージ 소시지
牛乳(ぎゅうにゅう) 우유
豆腐(とうふ) 두부
味噌(みそ) 된장
牛肉(ぎゅうにく) 쇠고기
鶏肉(とりにく) 닭고기
さば 고등어
まぐろ 참치
いか 오징어
えび 새우
貝(かい) 조개
小麦粉(こむぎこ) 밀가루
ハム 햄
チーズ 치즈
バター 버터
納豆(なっとう) 낫토
わかめ 미역
豚肉(ぶたにく) 돼지고기
鮭(さけ) 연어
さんま 꽁치
うなぎ 장어
たこ 문어, 낙지
かに 게

자이니치 (在日)

'자이니치(在日)'란 본래 일본에 거주하는 외국인을 가리킬 때 붙이는 말이지만 근래에는 특히 재일 한국인·조선인에 대한 통칭으로 사용되고 있습니다.

현재 일본 내 최대의 소수 민족 집단을 이루고 있는 재일 한국인의 시초는 일제 강점기에서 비롯됩니다. 조선총독부의 토지조사사업에 의해 소작농이나 빈민층으로 전락한 농민들 중, 북으로는 만주(현재의 연변 조선족 자치구)나 시베리아로, 남으로는 일본으로 생계를 위해 이주하는 이들이 생겨나기 시작했습니다. 또한 일본이 전쟁을 확대하면서 부족한 노동력을 보충하기 위한 강제 동원 등으로 인해 일본 내 탄광이나 군수산업에 배치되는 이들이 급증하였습니다. 주로 지리적으로 가까운 경상도와 제주도 출신이 많았습니다.

해방 후 대다수는 귀국하였으나, 고향으로 돌아가도 이미 삶의 터전이 없어졌거나 또는 한반도 분할 통치로 인한 정치적 혼란 등을 이유로 귀국을 미루었던 60만 명 가량의 사람들은 일본에 뿌리를 내리게 됩니다. 당초 '재일 조선인(在日朝鮮人)'이라 칭해졌던 이들은 이후 한반도의 분단이 고착화되면서 조선민주주의인민공화국을 연상시키는 '조선'을 피하고자 하는 한국측의 재일 단체 재일본대한민국민단(민단)에서 '재일 한국인(在日韓国人)'이라는 호칭을 주장하고 북한측의 재일단체 재일본조선인총연합회(총련)에서는 이전의 호칭을 고수함에 따라 두 가지 호칭으로 불리게 되었고, 현재는 '재일(在日)'만으로도 재일 한국인·조선인을 가리키게 되었습니다.

第8課

守らなければならないことが多いです

주요 문형

- 동사의 ない형
- ～ないで
- ～なければならない

会話

金（キム）　外はまだ雨ですか。靴がびしょびしょですね。

野田（のだ）　まだ降っています。実は、満員電車の中で隣の人が濡れた傘を持っていましたね。濡れた傘はそのまま持って乗らないでほしいですが。

金　そうでしたか。でも、日本の電車マナーは韓国に比べて難しいですよね。守らなければならないことも多いですし。

野田　そうですか。韓国とどう違いますか。

金　韓国では電車の中で会話に気をつけなくてもいいですが、日本では会話は控えなければなりませんね。

野田　そんなことはありませんが、小さな声で話さなければなりませんね。他にも何か？

金　日本では携帯電話もほとんど使わないし…。韓国では電車の中での通話も自由ですが、日本では電車(でんしゃ)の中(なか)で通話(つうわ)している人(ひと)はめったに見(み)かけませんね。

野田　そうですね。特(とく)に優先席(ゆうせんせき)の近(ちか)くでは絶対(ぜったい)使(つか)ってはいけませんね。他(ほか)には？

金　イヤホンのボリュームにも気(き)をつけなければなりませんし。韓国(かんこく)にはイヤホンを使(つか)わないでゲームをしたりする人(ひと)もたまにはいますよ。

野田　そうですか。日本(にほん)と韓国の電車(でんしゃ)マナーは違(ちが)うところも多(おお)いですね。

単語

靴(くつ) 구두　びしょびしょだ 흠뻑 젖었다　実(じつ)は 실은
満員(まんいん) 만원　濡(ぬ)れる 젖다　～まま ～대로, ～채
比(くら)べる 비교하다　マナー 매너　守(まも)る 지키다　どう 어떻게
違(ちが)う 다르다　会話(かいわ) 대화　気(き)をつける 조심하다　控(ひか)える 삼가다
小(ちい)さな 작은　ほとんど 거의, 대부분　通話(つうわ) 통화　めったに 좀처럼
見(み)かける 가끔 보다　優先席(ゆうせんせき) 노약자석　絶対(ぜったい) 절대
イヤホン 이어폰　ボリューム 볼륨

文法

❶ 동사의 부정형 (ない형) ~하지 않다

① **5단동사: う단 → あ단＋ない**

예: 行く→行かない　読む→読まない

② **1단동사: る → ない**

예: 見る→見ない　食べる→食べない

③ **변격동사: 来る → 来ない　する → しない**

- う로 끝나는 동사는 あ가 아닌 わ＋ない로 활용.　　예: 笑う → 笑わない
- ある의 부정형으로는 あらない가 아닌 형용사 ない를 사용.

入りたいけど、ドアが開かない。

さっきからバスがなかなか来ない。

あの人にはもう二度と会わない。

❷ ~ないで ~하지 않(말)고, ~하지 않(말)아, ~하지 않아서

どこにも行かないでずっと家にいる。

食事もしないで遅くまで残業した。

試験を受けないでレポートを出した。

❸ ~ないでください　~하지 말아 주세요, ~하지 마세요

そう簡単に決めないでください。

すぐ直しますから、心配しないでください。

メモをとるのを忘れないでください。

❹ ~なくて　~하지 않아, ~하지 않아서

風邪がなかなか治らなくて困っている。

サークルルームに誰もいなくて一人で昼寝をした。

変わった電話番号を知らなくてメールを送った。

❺ ~なくてもいい　~하지 않아도 되다

無理だったら続けなくてもいい。

私がおごるから、お金は払わなくてもいいです。

勝たなくてもいいから、ゲームを楽しんでください。

❻ ~なければならない　~해야 하다

質問にはまじめに答えなければならない。

休みの日は家事を手伝わなければならない。

借(か)りた本(ほん)は来週(らいしゅう)までに返(かえ)さなければなりません。

~なくてはいけない도 같은 뜻으로 사용할 수 있다.

一生懸命勉強(いっしょうけんめいべんきょう)しなくてはいけない。

❼ ~てほしい ~하면 좋겠다, ~하기 바란다
~ないでほしい ~하지 않으면 좋겠다, ~하지 않기 바란다

詳(くわ)しいことはホームページを参考(さんこう)にしてほしい。

世界(せかい)が平和(へいわ)になってほしい。

この話(はなし)は誰(だれ)にも言(い)わないでほしい。

これ以上寒(いじょうさむ)くならないでほしいです。

単語

さっき 아까　なかなか 좀처럼, 상당히　二度(にど)と 두 번 다시
ずっと 계속, 훨씬　食事(しょくじ) 식사　残業(ざんぎょう) 야근
試験(しけん)を受(う)ける 시험을 보다　出(だ)す 내다　直(なお)す 고치다
心配(しんぱい) 걱정　メモをとる 메모를 하다　忘(わす)れる 잊다　治(なお)る 낫다
一人(ひとり)で 혼자서　昼寝(ひるね)をする 낮잠을 자다　変(か)わる 바뀌다
番号(ばんごう) 번호　無理(むり)だ 무리이다　続(つづ)ける 계속하다　おごる 한턱내다
払(はら)う 지불하다　勝(か)つ 이기다　楽(たの)しむ 즐기다　答(こた)える 대답하다
休(やす)み 쉬는시간, 휴일, 휴가, 방학　家事(かじ) 가사일　~までに (기한) ~까지
返(かえ)す 되돌리다, 돌려주다　一生懸命(いっしょうけんめい) 열심히
ほしい 갖고 싶다, 원하다, 필요하다　ホームページ 홈페이지
参考(さんこう)にする 참고하다　世界(せかい) 세계　平和(へいわ)だ 평화롭다
話(はなし) 이야기　以上(いじょう) 이상

❽ 보통체와 정중체

			정중체	보통체
명사	현재	긍정	명사+です	명사+だ
		부정	명사+ではありません	명사+ではない
	과거	긍정	명사+でした	명사+だった
		부정	명사+ではありませんでした	명사+ではなかった
형용사	현재	긍정	기본형+です	기본형
		부정	어간+くありません	어간+くない
	과거	긍정	어간+かったです	어간+かった
		부정	어간+くありませんでした	어간+くなかった
형용동사	현재	긍정	어간+です	기본형
		부정	어간+ではありません	어간+ではない
	과거	긍정	어간+でした	어간+だった
		부정	어간+ではありませんでした	어간+ではなかった
동사	현재	긍정	~ます	기본형
		부정	~ません	~ない
	과거	긍정	~ました	~た
		부정	~ませんでした	~なかった

✎ ありません=ないです / ありませんでした=なかったです

✎ 모든 품사는 보통체의 형태로 명사를 수식할 수 있다.
(예외: ~だ는 형용동사의 경우 な로, 명사의 경우 の로 바뀐다)

練習

1. 예와 같이 문장을 바꾸어 봅시다.

예: バスがなかなか来(き)ません。 ➡ バスがなかなか来(こ)ない。

① これからは遅刻(ちこく)しません。

➡

② 高(たか)かったら買(か)いません。

➡

③ 給料(きゅうりょう)が少(すこ)しも上(あ)がりません。

➡

④ 店(みせ)に店員(てんいん)がいません。

➡

⑤ 時間(じかん)はあまりかかりません。

➡

2. 예와 같이 문장을 완성해 봅시다.

～ないでください

예: そう簡単(かんたん)に決(き)める ➡ そう簡単に決めないでください。

① 大(おお)きな声(こえ)で話(はな)す

➡

② もう二度(にど)と連絡(れんらく)する

➡

③ 嘘(うそ)をつく

➡

④ ここにごみを捨(す)てる

➡

⑤ 途中(とちゅう)でやめる

➡

~なくてもいい

예: 無理(むり)だ・続(つづ)ける ➡ 無理だったら続けなくてもいい。

① 暑(あつ)い・窓(まど)を閉(し)める

➡

② いやだ・やる

➡

③ 難(むずか)しい・覚(おぼ)える

➡

④ 面白(おもしろ)くない・笑(わら)う

➡

⑤ 口(くち)に合(あ)わない・食(た)べる

➡

～なければならない

예: まじめに答(こた)える ➡ まじめに答えなければならない。

① 面接(めんせつ)のためにスーツを買(か)う

➡

② 明日(あした)までに決(き)める

➡

③ 薬(くすり)はちゃんと飲(の)む

➡

④ 大学院(だいがくいん)へ進学(しんがく)するためには試験(しけん)に通(とお)る

➡

⑤ 時間(じかん)がないから急(いそ)ぐ

➡

3. 예와 같이 문장을 완성해 봅시다.

예: 世界が平和になる(○) ➡ 世界が平和になってほしい。
誰にも言う(×) ➡ 誰にも言わないでほしい。

① 今度は私も連れて行く(○)

➡

② ここに住所を書く(○)

➡

③ 大学生活を楽しむ(○)

➡

④ そんなことを気にする(×)

➡

⑤ 人の日記を勝手に読む(×)

➡

単語

遅刻(ちこく) 지각　給料(きゅうりょう) 봉급　上(あ)がる 오르다
かかる 걸리다, (시간·돈이)들다　連絡(れんらく) 연락　嘘(うそ)をつく 거짓말을 하다
ごみ 쓰레기　捨(す)てる 버리다　途中(とちゅう)で 도중에　閉(し)める 닫다
いやだ (하기) 싫다　やる 하다, 주다　覚(おぼ)える 외우다, 기억하다
口(くち)に合(あ)う 입에 맞다　面接(めんせつ) 면접　スーツ 정장
大学院(だいがくいん) 대학원　進学(しんがく) 진학　試験(しけん) 시험
通(とお)る 통하다, 통과하다　今度(こんど) 다음, 이번　連(つ)れる 동반하다
住所(じゅうしょ) 주소　気(き)にする 신경 쓰다　日記(にっき) 일기
勝手(かって)だ 제멋대로다, 제맘대로다

マメ知識

메이와쿠(めいわく)

섬나라인 일본에서는 'わ(和)' 문화로 대표되는 조화와 화합이 무엇보다도 중요시되기 때문에 남에게 'めいわく(迷惑)' 즉 폐를 끼쳐서는 안 된다는 사고방식이 강한 편입니다.

이에 따라 일본인들은 어렸을 때부터 '남에게 폐를 끼쳐서는 안 됩니다(人に迷惑をかけてはいけません)'라는 말을 듣고 자라며, 공중도덕에 대한 교육을 매우 엄격하게 받습니다. 일본인들이 다른 나라 국민들에 비해 공중도덕과 질서의식이 철저한 것은 그 때문입니다.

폐를 끼쳐서는 안 된다는 생각은 자신의 행동뿐 아니라 남의 행동에도 똑같이 적용됩니다. 따라서 일본인들은 남에게 폐를 끼치지도 않지만 남이 폐를 끼치는 것에도 매우 민감한 편입니다.

때문에 일본의 공중도덕은 다른 나라에 비하여 지나치게 엄격한 경우도 있으며, 특히 일본에서 생활하는 외국인은 일본의 공중도덕 및 생활 예절을 이해하고 폐를 끼치는 행동을 하지 않도록 주의해야 합니다.

남에게 폐를 끼치지 않으면서 원만한 인간관계를 유지하려면 상대방을 배려하고 세심하게 신경 쓸 필요가 있습니다. 이러한 배려를 'きくばり(気配り)'라고 하며, 일본인들은 배려를 잘하는('気配りがいい') 상냥한('やさしい') 사람을 좋게 평가합니다.

이같은 일본인들에게 자신의 생각을 거침없이 말하는 것은 남에 대한 배려가 부족한 행동이라고 여겨지며, 이 때문에 발달한 것이 'ほんね(本音)'와 'たてまえ(建前)'라는 문화입니다. 상대의 기분이 상하지 않도록 본심을 말하지 않고 애매하게 말하는 겉치레를 'たてまえ'라고 하며, 이때의 속마음을 'ほんね'라고 합니다.

家と家庭用品
집과 가정용품

リビング 거실
台所(だいどころ) 부엌
トイレ 화장실
ベランダ 베란다
玄関(げんかん) 현관
ベッド 침대
枕(まくら) 베개
テーブル 테이블
箪笥(たんす) 장롱
エアコン 에어컨
冷蔵庫(れいぞうこ) 냉장고
炊飯器(すいはんき) 밥솥
掃除機(そうじき) 청소기

寝室(しんしつ) 침실
洗面所(せんめんじょ) 세면실
お風呂(ふろ) 욕탕
窓(まど) 창문
畳(たたみ) 다다미
布団(ふとん) 이불
ソファー 소파
食卓(しょくたく) 식탁
電灯(でんとう) 전등
テレビ 텔레비전
電子(でんし)レンジ 전자레인지
洗濯機(せんたくき) 세탁기

第9課

興味があるなら一緒にやりますか

주요 문형

- 동사의 가능형
- ～ば
- ～なら

会話

金　どうしましたか。疲れて見えますね。

野田　大丈夫です。先週の週末、マラソン大会があったので、ちょっと疲れているだけなんです。

金　へえ、マラソンに参加したんですか。すごいですね。いつからやっているんですか。

野田　大学に入ってから趣味でやっていて、大会があれば時々参加します。

金　記録はどのぐらいですか。

野田　速く走ることはできません。体の調子がよければ4時間半ぐらいで走れますが、今回はもっとかかりました。金さんも興味あるなら、一緒にやりますか。

金　いいですね。今度誘ってください。

野田　はい、秋になるとまた大会があるので、その時は一緒に参加しましょう。

金　　完走するためにはこれから少しずつ練習しておいた方がいいですよね。

野田　　練習すればするほどうまく走れるはずだから、時間があればそれもいいでしょう。

金　　ところで、野田さん、ご飯は食べましたか。私はまだ食べていないんですが。

野田　　じゃあ、食事に行きましょうか。

単語

どうしましたか 무슨 일이에요?　疲(つか)れる 지치다　見(み)える 보이다
マラソン 마라톤　大会(たいかい) 대회　参加(さんか) 참가　すごい 대단하다
～てから ~하고부터, ~하고 나서　時々(ときどき) 때때로　記録(きろく) 기록
調子(ちょうし) 상태　半(はん) 반　今回(こんかい) 이번　誘(さそ)う 권하다
完走(かんそう) 완주　～ずつ ~씩　うまい 능숙하다, (남성어)맛있다
～はず (강한 단정)~할 터　ところで 그런데

文法

❶ ~することができる　~할 수 있다

동사의 기본형에 연결되어 가능의 의미를 나타내는 표현이다.

建物の外ではタバコを吸うことができる。
彼はアラビア語とヘブライ語を話すことができます。
このマンションではペットを飼うことができない。

❷ 동사의 가능형　~할 수 있다

① 5단동사: う단 → え단＋る

예: 行く→行ける　読む→読める

② 1단동사: る → られる

예: 見る→見られる　食べる→食べられる

③ 변격동사: 来る→来られる　する→できる

✎ 동사의 가능형은 1단동사로 활용하며, 목적격 조사로 が 또는 を를 취할 수 있으나 が를 사용하는 것이 일반적이다. 단, 단독으로 사용되는 できる는 が만 사용할 수 있다.

私は日本の歌が歌える。

図書館で本が5冊まで借りられる。

明日何時までに来られますか。

❸ ~と ① ~하면(조건) ② ~하자, ~하니

모든 품사의 현재형에 연결되며, 조건을 나타내는 と는 일반적·반복적 현상에만 사용된다.

交差点を左に曲がると、小学校がある。

下のボタンを押すと、おつりが出る。

お酒を飲むと、顔が赤くなる。

ふと外を見ると、雪が降っていた。

❹ 동사의 조건형 (ば형) ~하면

① **5단동사: う단 → え단+ば**

예: 行く → 行けば　読む → 読めば

② **1단동사: る → れば**

예: 見る → 見れば　食べる → 食べれば

③ **변격동사: 来る → 来れば　する→すれば**

急げば終電に間に合う。

年をとれば物忘れが多くなる。

どうすれば日本語が上手に話せますか。

➾ 동작을 나타내는 동사의 ば형 뒤에 의지 · 희망을 나타내는 표현은 연결될 수 없다.

家に帰れば電話 [します/したいです/してください]。(×)

時間があれば電話 [します/したいです/してください]。(○)

➾ 그외의 품사는 형용사 어간+ければ, 명사+なら(ば), 형용동사 어간+なら(ば)의 형태로 활용한다.

忙しければ、また後で伺います。

弁護士ならば、法律に詳しいでしょう。

家族が幸せならば、それでいいです。

⑤ ~ば~ほど ~하면 ~할수록

駅から近ければ近いほど便利でいい。

お金はたくさん稼げば稼ぐほどいいものですか。

勉強すればするほど、分からないことが増える。

❻ ~なら ~라면, ~하다면 (가정)

모든 품사의 보통체에 연결되며, 명사·형용동사의 だ는 생략된다.

温泉(おんせん)なら箱根(はこね)や日光(にっこう)がいいです。

料理(りょうり)が得意(とくい)なら、今度(こんど)作(つく)ってください。

都合(つごう)が悪(わる)いなら、無理(むり)しなくてもいいです。

あなたが行(い)くなら、私(わたし)も行きます。

➡ 가정 표현이므로 반드시 일어날 일에 대해서는 사용할 수 없다.

週末(しゅうまつ)になるなら、やっと休(やす)める。(×)

家(いえ)に帰(かえ)るなら、連絡(れんらく)ください。(×)

❼ ~ので ~하기 때문에, ~하니 (이유)

모든 품사의 보통체·정중체에 연결되며, 명사·형용동사의 だ는 な로 바뀐다.

鍋(なべ)が熱(あつ)いので気(き)をつけてください。

作(つく)り方(かた)は簡単(かんたん)なので誰(だれ)でも作(つく)れます。

留守(るす)なのでメッセージを残(のこ)してください。

就職(しゅうしょく)が決(き)まったので、その前(まえ)に海外旅行(かいがいりょこう)に行(い)くつもりです。

❽ ~んです ~하거든요
~んですか ~하는 건가요, ~하나요

~んです는 ~のです가 축약된 형태로, 모든 품사의 보통체에 연결되며 명사·형용동사의 だ는 な로 바뀐다.

A: みかんが好(す)きなんですか。

B: はい、果物(くだもの)は何(なん)でも好(す)きなんです。

A: どこかへ出(で)かけるんですか。

B: 韓国(かんこく)から両親(りょうしん)が来(く)るので、迎(むか)えに行(い)くんです。

単語

できる 가능하다, 생기다　建物(たてもの) 건물　アラビア 아라비아
ヘブライ 히브리　ペット 애완동물　交差点(こうさてん) 사거리
曲(ま)がる 구부러지다　小学校(しょうがっこう) 초등학교　ボタン 버튼
押(お)す 누르다, 밀다　おつり 거스름돈　ふと 문득　雪(ゆき) 눈
終電(しゅうでん) 전철 막차　間(ま)に合(あ)う 시간에 맞출 수 있다
年(とし)をとる 나이를 먹다　物忘(ものわす)れ 건망증　伺(うかが)う 찾아뵙다, 여쭤 보다
弁護士(べんごし) 변호사　法律(ほうりつ) 법률　幸(しあわ)せだ 행복하다
稼(かせ)ぐ 벌다　増(ふ)える 늘다　温泉(おんせん) 온천
都合(つごう)が悪(わる)い 상황이 여의치 않다　やっと 겨우, 가까스로　鍋(なべ) 냄비
留守(るす) 부재 중　メッセージ 메시지　残(のこ)す 남기다　決(き)まる 정해지다
前(まえ) 앞, 전　海外(かいがい) 해외　つもり 작정　みかん 귤
果物(くだもの) 과일　出(で)かける 외출하다　迎(むか)える 맞이하다, 마중하다

練習

1. 예와 같이 문장을 바꾸어 봅시다.

예: 日本の歌を歌うことができます。 ➡ 日本の歌が歌えます。

① インターネットで調べることができます。

➡

② 時間を自由に選ぶことができます。

➡

③ フロントにモーニングコールを頼むことができます。

➡

④ 今は電話に出ることができません。

➡

⑤ 体を動かすことができません。

➡

2. 예와 같이 문장을 완성해 봅시다.

～と

예: 下(した)のボタンを押(お)します・おつりが出(で)ます
➡ 下のボタンを押すと、おつりが出る。

① 雨(あめ)が強(つよ)く降(ふ)ります・試合(しあい)は中止(ちゅうし)になります
➡

② ストレスがたまります・健康(けんこう)によくありません
➡

③ 春(はる)になります・花(はな)が咲(さ)きます
➡

④ この道(みち)をまっすぐ行(い)きます・交番(こうばん)があります
➡

⑤ 天気(てんき)がいいです・いつも散歩(さんぽ)に出(で)かけます
➡

～ば

예: 急ぐ・終電に間に合う ➡ 急げば、終電に間に合います。

① 5歳以下だ・無料になる

➡

② 景色が美しい・気分もよくなる

➡

③ 成績がいい・どの大学にも入学できる

➡

④ 秋葉原に行く・家電製品が買える

➡

⑤ コンサートが始まる・入れない

➡

～ば～ほど

예: 駅(えき)から近(ちか)い・便利(べんり)でいい

➡ 駅から近ければ近いほど便利でいいです。

① 読(よ)む・面白(おもしろ)くなる

➡

② 値段(ねだん)が安(やす)い・よく売(う)れる

➡

③ 時間(じかん)が経(た)つ・雪(ゆき)が積(つ)もっていく

➡

④ 忙(いそが)しい・ちゃんと休(やす)まなければならない

➡

⑤ 褒(ほ)める・自信(じしん)が持(も)てる

➡

～なら

예: あなたが行きます・私も行きます
➡ あなたが行くなら、私も行きます。

① 弁当を買います ・ 近くに弁当屋があります

➡

② 捨てるものです ・ 私が使います

➡

③ 気に入りました ・ あげます

➡

④ 花見に行きたいです ・ 上野公園がいいです

➡

⑤ 夢があります ・ 諦めないでください

➡

単語

インターネット 인터넷　調(しら)べる 조사하다　選(えら)ぶ 고르다
フロント 프론트　モーニングコール 모닝콜　頼(たの)む 부탁하다
電話(でんわ)に出(で)る 전화를 받다　体(からだ) 몸　動(うご)かす 움직이다
試合(しあい) 시합　ストレス 스트레스　たまる 쌓이다　花(はな) 꽃
咲(さ)く (꽃이) 피다　まっすぐ 똑바로　交番(こうばん) 파출소　散歩(さんぽ) 산책
～歳(さい) ～살　以下(いか) 이하　無料(むりょう) 무료　景色(けしき) 경치
美(うつく)しい 아름답다　気分(きぶん) 기분, 분위기　成績(せいせき) 성적
家電製品(かでんせいひん) 가전제품　コンサート 콘서트　値段(ねだん) 가격
売(う)れる 팔리다　経(た)つ (시간이) 지나다　積(つ)もる 쌓이다　褒(ほ)める 칭찬하다

3. 예와 같이 문장을 바꾸어 봅시다.

예: 果物(くだもの)は何(なん)でも好(す)きです。 ➡ 果物は何でも好きなんです。

① 水泳(すいえい)が趣味(しゅみ)です。

➡

② 今日(きょう)は用事(ようじ)があります。

➡

③ 昨日(きのう)から頭(あたま)が痛(いた)いです。

➡

④ 異性(いせい)と付(つ)き合(あ)うのが苦手(にがて)でした。

➡

⑤ 父(ちち)は銀行(ぎんこう)に勤(つと)めていました。

➡

単語

自信(じしん) 자신감　弁当(べんとう) 도시락　気(き)に入(い)る 마음에 들다
花見(はなみ) 벚꽃놀이　夢(ゆめ) 꿈　諦(あきら)める 포기하다
水泳(すいえい) 수영　趣味(しゅみ) 취미　痛(いた)い 아프다　異性(いせい) 이성
付(つ)き合(あ)う 사귀다, 함께하다　勤(つと)める 근무하다

マメ知識

부카츠(ぶかつ)

'ぶかつ(部活)'는 'ぶかつどう(部活動)'의 줄임말로, 클럽 활동(クラブ活動), 즉 동아리 활동을 의미합니다.

일본의 초등학교는 클럽 활동을 정규 수업시간에 포함시키고 있기 때문에 일본인은 초등학교 시절부터 성인이 되어서까지 클럽 활동에 활발하게 참여하는 경우가 많습니다.

클럽 활동은 크게 '운동 계열(運動系)'과 '문화 계열(文化系)'로 나뉩니다.

운동 계열에는 야구 · 농구 · 배구 등의 구기종목을 다루는 '구기 계열(球技系)', 스모 · 유도 · 검도 · 가라데 등의 '무술・무도 계열(武術・武道系)', 레슬링 · 복싱 · 태권도 등의 '격투기 계열(格闘技系)', 등산 · 수영 · 스키 등의 '야외활동 계열(野外活動系)' 등이 있으며, 문화 계열에는 음악 · 미술 · 영화 · 만화 · 다도 등의 '예술 · 예능 계열(芸術・芸能系)', 문학 · 과학 · 외국어 · 정치 등의 '학술 · 사회 계열(学術 · 社会系)', 컴퓨터 · 로봇 · 자동차 등의 '기술 · 산업 계열(技術 · 産業系)' 등이 있습니다.

대부분의 클럽 활동은 전국대회나 전국 콩쿠르를 목표로 연습하는 경우가 많으며, 특히 'こうしえん(甲子園)'에서 열리는 전국 고교 야구 대회, 전일본 합주악 콩쿠르, NHK 전국 학교 음악 콩쿠르 등이 유명합니다.

연습이나 연수를 위해서 일정기간 함께 숙식하는 일도 있으며 이를 'がっしゅく(合宿)' 즉 합숙이라고 합니다.

スポーツ
스포츠

野球(やきゅう) 야구
バスケットボール 농구
ラグビー 럭비
テニス 테니스
マラソン 마라톤
ゴルフ 골프
スケート 스케이트
レスリング 레슬링
柔道(じゅうどう) 유도
選手(せんしゅ) 선수
運動場(うんどうじょう) 운동장
競技場(きょうぎじょう) 경기장
合宿(がっしゅく) 합숙
決勝戦(けっしょうせん) 결승전

サッカー 축구
バレーボール 배구
卓球(たっきゅう) 탁구
水泳(すいえい) 수영
ジョギング 조깅
スキー 스키
ボクシング 권투
相撲(すもう) 스모
剣道(けんどう) 검도
監督(かんとく) 감독
練習(れんしゅう) 연습
大会(たいかい) 대회
予選(よせん) 예선
優勝(ゆうしょう) 우승

第10課

友達に頼まれました

주요 문형

- 동사의 (さ)せる형
- 동사의 (ら)れる형
- ～そうだ

会話

野田　金さん、友達に頼まれたんですが、韓国語を教えてみませんか。彼女も一人で韓国語を勉強しているけど、やっぱり先生がほしいと言っているんです。

金　いいですよ。でも、野田さんも韓国語ができるのになぜ野田さんに頼まないんですか。

野田　私は韓国人ではないから発音もよくないし、誰かに教えられるほどではありません。

金　では私でよかったらやらせてください。彼女は韓国語をいつから勉強しているんですか。

野田　さあ…。よく知りませんが、ハングルがやっと読めるぐらいだそうです。

金　そうですか。韓国語と日本語の文法は似ているところが多いから、ハングルさえ読めれば私も教えやすいと思います。野田さんは韓国語の他にどんな言語ができますか。

野田　英語は小学生の頃から習わされたからある程度できるけど、他には高校の時習ったフランス語しかできませんね。金さんは？

金　日本でも英語は早い時期から習わされるんですね。私は英語の他には中国語ができます。

野田　中国語もできるんですか。アジアだけで3ヶ国語ができるんですね。羨ましいです。

単語

~てみる ~해 보다　なぜ 왜　発音(はつおん) 발음　ほど 정도
さあ 글쎄　ハングル 한글　文法(ぶんぽう) 문법　似(に)る 닮다　~さえ ~만, ~조차
~やすい ~하기 쉽다　どんな 어떤　小学生(しょうがくせい) 초등학생
ある 어느, 어떤　程度(ていど) 정도　~しか ~밖에　時期(じき) 시기
~ヶ国語(かこくご) ~개 국어　羨(うらや)ましい 부럽다

文法

❶ 동사의 사역형 (させる・せる형) ~하게 하다, 시키다

① **5단동사: う단 → あ단+せる**

예: 行(い)く → 行(い)かせる　読(よ)む → 読(よ)ませる

② **1단동사: る → させる**

예: 見(み)る → 見(み)させる　食(た)べる → 食(た)べさせる

③ **변격동사: 来(く)る → 来(こ)させる　する → させる**

✎ 사역형은 1단동사로 활용하며, う로 끝나는 동사는 あ가 아닌 わ+せる로 활용한다.

うちの会社(かいしゃ)は社員(しゃいん)を週末(しゅうまつ)も働(はたら)かせる。

先生(せんせい)は学生(がくせい)を自由(じゆう)に遊(あそ)ばせた。

友達(ともだち)に荷物(にもつ)を運(はこ)ばせた。

夜遅(よるおそ)く帰(かえ)って両親(りょうしん)を心配(しんぱい)させました。

❷ ~させてください, ~させていただきます ~하겠습니다

본인이 하려고 하는 바를 완곡하게 말하는 정중한 표현이다.

僕にやらせてください。(≒ 僕がやります)

もう一度がんばらせてください。(≒ もう一度がんばります)

明日は休ませていただきます。(≒ 明日は休みます)

これから発表させていただきます。(≒ これから発表します)

❸ 동사의 수동형 (られる・れる형) (~함을 당하다)

① **5단동사: う단 → あ단+れる**

예: 行く → 行かれる　読む → 読まれる

② **1단동사:　る → られる**

예: 見る → 見られる　食べる → 食べられる

③ **변격동사: 来る → 来られる　する → される**

✎ 수동형은 1단동사로 활용하며, う로 끝나는 동사는 あ가 아닌 わ＋れる로 활용한다. 중립적인 수동의 의미로도 사용되지만 일본어 고유의 수동형은 주로 어떤 행위로 인해 본인이 피해를 입었음을 나타낸다.

遅刻したら先生に叱られる。

電車の中で財布を盗まれた。

母に日記を読まれた。

毎晩赤ん坊に泣かれています。

➡ 주어가 무생물인 경우는 조사 に 대신 によって를 사용하기도 한다.

この建物(たてもの)は有名(ゆうめい)な建築家(けんちくか)によって設計(せっけい)された。
「七人(しちにん)の侍(さむらい)」は黒澤明(くろさわあきら)によって作(つく)られた。

④ 동사의 사역수동형 (~하게 함을 당하다) 강제로 ~하다

동사의 사역형을 다시 수동형으로 활용한 것으로 ~させられる・せられる의 형태가 되며, せられる는 앞쪽에 さ가 연결되는 경우 이외에는 される로 축약할 수 있다.

昨夜(ゆうべ)も残業(ざんぎょう)させられた。
妹(いもうと)にいつも宿題(しゅくだい)を手伝(てつだ)わせられる(手伝わされる)。
先生(せんせい)に運動場(うんどうじょう)を走(はし)らせられました(走らされました)。

⑤ ~と ~라고, ~하다고 (인용)

모든 품사의 보통체에 연결되어 간접인용을 나타낸다.

金(キム)さんはまだ帰(かえ)っていないと思(おも)います。
韓国(かんこく)の物価(ぶっか)は賃金(ちんぎん)に比(くら)べて高(たか)すぎると思(おも)う。
先輩(せんぱい)は自分(じぶん)が全部(ぜんぶ)払(はら)うと言(い)っている。
ここでタバコを吸(す)ってはいけないと書(か)いてある。

❻ ~そうだ　~하다고 한다

모든 품사의 보통체에 연결되어 전해 들은 말을 나타내는 표현이다.

天気予報によると、台風が近づいているそうだ。
友達のメールによると、みんな元気だそうだ。
この寺は5百年前に建てられたそうです。

❼ ~のに　~하는데, ~하는데도 (역접)

모든 품사의 보통체에 연결되며, 명사·형용동사의 だ는 な로 바뀐다.

彼は歌手なのに歌があまりうまくない。
徹夜してまで勉強したのに、いい点数がとれなかった。
せっかく招待してもらったのに、行けなくてすみません。

単語

うち 안, 우리　社員(しゃいん) 사원　働(はたら)く 일하다　荷物(にもつ) 짐
運(はこ)ぶ 나르다　僕(ぼく) (남성어) 나　叱(しか)る 야단치다　財布(さいふ) 지갑
盗(ぬす)む 훔치다　毎晩(まいばん) 매일 밤　赤(あか)ん坊(ぼう) 아기
建築家(けんちくか) 건축가　よる 의하다, 따르다　設計(せっけい) 설계
侍(さむらい) 무사　運動場(うんどうじょう) 운동장　思(おも)う 생각하다, 느끼다
物価(ぶっか) 물가　賃金(ちんぎん) 임금　~すぎる 지나치게 ~하다
自分(じぶん) 자기, 본인　全部(ぜんぶ) 전부　天気予報(てんきよほう) 일기예보
台風(たいふう) 태풍　近(ちか)づく 접근하다　寺(てら) 절　建(た)てる 세우다, 짓다
徹夜(てつや) 밤샘　せっかく 모처럼, 기껏　招待(しょうたい) 초대

練習

1. 예와 같이 문장을 완성해 봅시다.

예: 先生(せんせい)・学生(がくせい)・自由(じゆう)に遊(あそ)ぶ ➡ 先生は学生を自由に遊ばせた。
私(わたし)・友達(ともだち)・荷物(にもつ)を運(はこ)ぶ ➡ 私は友達に荷物を運ばせた。

① 先生(せんせい)・学生(がくせい)・漢字(かんじ)を覚(おぼ)える

➡

② 母(はは)・弟(おとうと)・塾(じゅく)に通(かよ)う

➡

③ 社長(しゃちょう)・私(わたし)・コーヒーを入(い)れる

➡

④ 友達(ともだち)・私(わたし)・30分(さんじゅっぷん)も待(ま)つ

➡

⑤ 両親(りょうしん)・姉(あね)・お見合(みあ)いで結婚(けっこん)する

➡

2. 예와 같이 문장을 바꾸어 봅시다.

예: これから発表(はっぴょう)します。 ➡ これから発表させていただきます。

① 今日(きょう)は早(はや)く帰(かえ)ります。

➡

② もう一曲(いっきょく)歌(うた)います。

➡

③ 今月(こんげつ)でやめます。

➡

④ 担当者(たんとうしゃ)に代(か)わります。

➡

⑤ 前向(まえむ)きに検討(けんとう)します。

➡

3. 예와 같이 문장을 바꾸어 봅시다.

예: 母(はは)が日記(にっき)を読(よ)んだ。 ➡ 母に日記を読まれた。

① 隣(となり)の人(ひと)が足(あし)を踏(ふ)んだ。

➡

② 休憩時間(きゅうけいじかん)に先生(せんせい)が呼(よ)んだ。

➡

③ 嘘(うそ)をついて彼女(かのじょ)が怒(おこ)った。

➡

④ 帰(かえ)り道(みち)で雨(あめ)が降(ふ)った。

➡

⑤ まじめに言(い)ったら友達(ともだち)が笑(わら)った。

➡

4. 예와 같이 문장을 완성해 봅시다.

～そうだ

예: この寺は5百年前に建てられました。

➡ この寺は5百年前に建てられたそうです。

① 今年の冬はあまり寒くありません。

➡

② 東京での生活にも慣れました。

➡

③ あと1年でもう卒業です。

➡

④ 今回の地震による被害は大きくありませんでした。

➡

⑤ 約四千人の市民が集まりました。

➡

～のに

예: 彼(かれ)は歌手(かしゅ)です・歌(うた)が下手(へた)だ ➡ 彼は歌手なのに歌が下手です。

① 正直(しょうじき)に言(い)うつもりでした・言(い)えなかった

➡

② 諦(あきら)めていました・公務員試験(こうむいんしけん)に受(う)かった

➡

③ 休(やす)みです・部活(ぶかつ)で学校(がっこう)に行(い)かなければならない

➡

④ せっかく食事(しょくじ)を用意(ようい)しました・誰(だれ)も食(た)べてくれない

➡

⑤ せっかく旅行(りょこう)に行(い)きました・雨(あめ)であまり観光(かんこう)できなかった

➡

単語

塾(じゅく) 학원　通(かよ)う 다니다　社長(しゃちょう) 사장
入(い)れる 넣다, (차를)끓이다　～も (강조) ~나/이나　見合(みあ)い 맞선
結婚(けっこん) 결혼　曲(きょく) 곡　担当者(たんとうしゃ) 담당자
代(か)わる 대신하다, 교체되다　前向(まえむ)きだ 적극적이다　検討(けんとう) 검토
足(あし) 발　踏(ふ)む 밟다　休憩(きゅうけい) 휴게, 휴식　怒(おこ)る 화내다
帰(かえ)り道(みち) 귀갓길　慣(な)れる 익숙해지다　卒業(そつぎょう) 졸업
地震(じしん) 지진　被害(ひがい) 피해　約(やく) 약　市民(しみん) 시민
集(あつ)まる 모이다　受(う)かる 합격하다　部活(ぶかつ) 동아리 활동
用意(ようい) 준비　観光(かんこう) 관광

マメ知識

일본인의 언어습관

남에게 폐를 끼치지 않도록 조심하고 상대방을 배려하여 속마음을 솔직하게 표현하지 않는 일본인들의 특성은 언어습관에도 그대로 나타납니다.

거절할 때에 사용하는 애매한 표현이나 조심스럽게 돌려 말하는 'いいまわし(言い回し)'가 발달한 것은 그에 따른 일본어의 특징 중 하나라고 할 수 있습니다.

'いいまわし'는 사업 관계나 외교 협상에 있어서도 자주 사용되며, 가장 대표적인 거절의 관용표현으로는 "생각해 보겠습니다(考えておきます)" "검토해 보겠습니다(検討しておきます)" "다시 연락 드리겠습니다(またご連絡します)" 등이 있습니다.

그러나 남에게 폐를 끼치거나 기분을 상하게 하는 것에 민감한 일본의 문화가 조심스러운 언어습관으로만 나타나는 것은 아닙니다.

남의 행동에 대하여 제3자에게 이야기할 때는 객관적인 사실에 더하여 그 행동이 본인에게 폐가 되는 일인지 혹은 반대로 고마운 일인지를 철저하게 구분하여 표현하는 언어습관이 발달되어 있습니다.

다른 사람의 행동을 본인에게 폐가 되는 것으로 표현하는 형식이 일본어의 'うけみ(受身)' 즉 수동형이며, 반대로 본인에게 고마운 것으로 표현하는 형식이 「～てもらう」입니다.

한국어로는 '언니가 책을 버렸다'와 같이 표현될 똑같은 행동이라고 해도 일본어의 경우에는 「姉が本を捨てた」라고 표현하기보다는 그것이 본인을 곤란하게 하거나 폐가 되는 일이었다면 「姉に本を捨てられた」와 같이 수동형을 사용함으로써 불쾌한 마음을 분명하게 표현합니다.

반대로 처분해야 할 책을 본인 대신 버려 주어 고마웠다면 「姉に本を捨ててもらった」와 같이 「～てもらう」를 사용하여 고마운 마음을 표현합니다.

顔と体
얼굴과 몸

顔(かお) 얼굴

額(ひたい) 이마

目(め) 눈

口(くち) 입

頬(ほお) 볼, 뺨

体(からだ) 몸

肩(かた) 어깨

お腹(なか) 배

腰(こし) 허리

腕(うで) 팔

手(て) 손

脚(あし) 다리

ひざ 무릎

足(あし) 발

頭(あたま) 머리

眉毛(まゆげ) 눈썹

鼻(はな) 코

耳(みみ) 귀

あご 턱

首(くび) 목

胸(むね) 가슴

背中(せなか) 등

お尻(しり) 엉덩이

ひじ 팔꿈치

指(ゆび) 손가락

もも 허벅지

ふくらはぎ 종아리

足(あし)の指(ゆび) 발가락

第11課

富士山に登ろうと思っています

주요 문형

- 동사의 (よ)う형
- 동사의 명령형
- ～ように

会話

金　野田さん、夏休みには実家に帰りますか。

野田　いいえ、両親もわざわざ来るなと言ってるし、夏は帰らないことにしました。

金　それは残念ですね。野田さんが京都に帰る時、連れて行ってもらおうと思っていたのに。

野田　そうだったんですか。でも、夏の京都は東京よりも蒸し暑いですよ。行くなら秋か冬にしましょう。

金　それもいいですね。楽しみにしています。じゃあ、夏休みに何か計画はありますか。

野田　8月は部活で合宿に行くことになってるし、9月は北海道にいる友達が遊びに来いと言うんで、北海道に行こうと思っています。金さんは？

金　私はまず東京の近くをあっちこっち回ろうと思っています。ディズニーシーにも行きたいし、箱根温泉にも行きたいし。富士山も登りたいですね。

野田　富士山に行くんですか。じゃ、私も一緒に行ってもいいですか。1年生の夏休みにバスで行ったことがあって、途中から歩いて登ろうとしたんだけど、天気が悪くて登れなかったんです。

金　私はもちろんいいですよ。じゃ、その前に連絡しますね。夏ばてしないように気をつけてください。

野田　金さんも日本での夏休みを楽しんでくださいね。

単語

夏休(なつやす)み 여름방학, 여름휴가　実家(じっか) 고향집
わざわざ 일부러　残念(ざんねん)だ 유감이다, 아쉽다
蒸(む)し暑(あつ)い 무덥다　~に (결정) ~로/으로　計画(けいかく) 계획
合宿(がっしゅく) 합숙　あっちこっち 여기저기　回(まわ)る 돌다
途中(とちゅう) 도중　夏(なつ)ばてする 더위 먹다

文法

❶ 동사의 의지형 (う・よう형) ~하겠다, ~하자

① **5단동사: う단 → お단+う**

예: 行(い)く → 行(い)こう　読(よ)む → 読(よ)もう

② **1단동사: る → よう**

예: 見(み)る → 見(み)よう　食(た)べる → 食(た)べよう

③ **변격동사: 来(く)る → 来(こ)よう　する → しよう**

今日(きょう)の試合(しあい)は必(かなら)ず勝(か)とう。

避(さ)けられないなら楽(たの)しもう。

明日(あした)からは朝早(あさはや)く起(お)きようか。

❷ ~(よ)うとする ~하려고 하다

学生時代(がくせいじだい)も終(お)わろうとしている。

電話(でんわ)をかけようとした時(とき)、電話(でんわ)のベルが鳴(な)った。

寝(ね)ようとしましたが、眠(ねむ)れません。

③ ~(よ)うと思う　~하려고 (생각)하다

来年イギリスへ留学しようと思う。

授業の後、図書館へ本を借りに行こうと思っている。

その件についてはより詳しく調べようと思っています。

④ ~ことにする　~하는 것으로 하다, ~하기로 하다
~ことになる　~하기로 되다, ~하게 되다

주로 동사의 보통체에 연결되어 결정사항을 나타낸다.

週末、花火大会を見に行くことにした。

無理なダイエットはしないことにする。

父の転勤で大阪へ引っ越すことになった。

その話はなかったことになりました。

⑤ ~ように ~하도록, ~하게

주로 동사의 보통체 현재형에 연결된다.

いい結果(けっか)が得(え)られるようにがんばります。
体力(たいりょく)が落(お)ちたのか、昔(むかし)より汗(あせ)をかくようになった。
忘(わす)れ物(もの)がないように気(き)をつけてください。

⑥ 동사의 명령형 ~해(라), ~하라

① **5단동사: う단 → え단**

예: 行(い)く → 行(い)け 読(よ)む → 読(よ)め

② **1단동사: る → ろ(よ)**

예: 見(み)る → 見(み)ろ(見よ) 食(た)べる → 食(た)べろ(食べよ)

③ **변격동사: 来(く)る → 来(こ)い する → しろ(せよ)**

自分(じぶん)のことは自分(じぶん)でやれ。
続(つづ)けるかどうかよく考(かんが)えろ。
失敗(しっぱい)は許(ゆる)さないからしっかりしろ。

❼ 동사의 금지형 (~な) ~하지 마(라)

동사의 기본형에 연결된다.

そんなにびっくりするな。

余計(よけい)なことを言(い)うな。

明日(あした)はきっと晴(は)れるだろう。心配(しんぱい)するな。

単語

避(さ)ける 피하다　時代(じだい) 시대, 시절　終(お)わる 끝나다　ベル 벨
鳴(な)る 울리다　眠(ねむ)る 잠들다　イギリス 영국　後(あと) 후　件(けん) 건
~について ~에 대해서　花火大会(はなびたいかい) 불꽃놀이
ダイエット 다이어트　転勤(てんきん) 전근　引(ひ)っ越(こ)す 이사하다
結果(けっか) 결과　得(え)る 얻다　体力(たいりょく) 체력　落(お)ちる 떨어지다
汗(あせ)をかく 땀을 흘리다　忘(わす)れ物(もの) 분실물　自分(じぶん)で 스스로
~かどうか ~할지(말지)　失敗(しっぱい) 실패, 실수　許(ゆる)す 용서하다, 허락하다
しっかり 단단히, 똑똑히　そんなに 그렇게　びっくりする 깜짝 놀라다
余計(よけい)だ 쓸데없다, 여분　きっと 분명, 꼭　晴(は)れる (날씨가) 개이다, 맑아지다
~だろう (추측) ~하겠다, ~할 것이다

練習

1. 예와 같이 문장을 완성해 봅시다.

~(よ)うとする

예: 寝(ね)る・眠(ねむ)れない ➡ 寝ようとしましたが、眠れません。

① 電車(でんしゃ)に乗(の)る ・ 満員(まんいん)で乗(の)れなかった

➡

② 顔(かお)を思(おも)い出(だ)す ・ 思(おも)い出(だ)せない

➡

③ 中(なか)に入(はい)る ・ 鍵(かぎ)がかかっていた

➡

④ 道(みち)を渡(わた)る ・ 私(わたし)を呼(よ)ぶ誰(だれ)かの声(こえ)が聞(き)こえた

➡

⑤ 近(ちか)くのホテルに泊(と)まる ・ 空(あ)いている部屋(へや)がなかった

➡

2. 예와 같이 문장을 바꾸어 봅시다.

~(よ)うと思う

예: 来年(らいねん)イギリスへ留学(りゅうがく)します。

➡ 来年イギリスへ留学しようと思っています。

① 約束(やくそく)は守(まも)ります。

➡

② 健康(けんこう)のために運動(うんどう)を始(はじ)めます。

➡

③ 兄(あに)に手伝(てつだ)ってもらいます。

➡

④ 卒業式(そつぎょうしき)に行(い)く時(とき)、着物(きもの)を着(き)ます。

➡

⑤ 冬休(ふゆやす)みは南(みなみ)の島(しま)で過(す)ごします。

➡

～ことにする

예: 花火大会を見に行きます。
➡ 花火大会を見に行くことにしました。

① 彼女のことはもう忘れます。

➡

② パーティーを開いて祝います。

➡

③ 今年は国へ帰りません。

➡

④ 仕事が終わってから寄ります。

➡

⑤ お金がほしいのでアルバイトはやめません。

➡

3. 예와 같이 문장을 바꾸어 봅시다.

예: 自分のことは自分でやってください。
➡ 自分のことは自分でやれ。

① もっと自信を持ってください。
➡

② 一列に並んでください。
➡

③ 学生証を見せてください。
➡

④ 信号の前で止めてください。
➡

⑤ 郵便局に行って来てください。
➡

4. 예와 같이 문장을 바꾸어 봅시다.

예: そんなにびっくりしないでください。
➡ そんなにびっくりするな。

① ノックなしで入(はい)らないでください。

➡

② 電話(でんわ)を切(き)らないでください。

➡

③ 絶対(ぜったい)負(ま)けないでください。

➡

④ 後(うし)ろを振(ふ)り返(かえ)らないでください。

➡

⑤ 何(なに)があってもめげないでください。

➡

単語

思(おも)い出(だ)す 생각해 내다　鍵(かぎ) 열쇠　渡(わた)る 건너다
聞(き)こえる 들리다　泊(と)まる 묵다　空(あ)く 비다　約束(やくそく) 약속
運動(うんどう) 운동　始(はじ)める 시작하다　卒業式(そつぎょうしき) 졸업식
着物(きもの) 옷, 기모노　着(き)る 입다　冬休(ふゆやす)み 겨울방학, 겨울휴가
南(みなみ) 남쪽　島(しま) 섬　過(す)ごす 지내다　開(ひら)く 열다, 열리다
祝(いわ)う 축하하다　国(くに) 나라　寄(よ)る 들르다　一列(いちれつ) 일렬
並(なら)ぶ 늘어서다, 나열되다　学生証(がくせいしょう) 학생증
信号(しんごう) 신호, 신호등　止(と)める 멈춰 세우다　ノック 노크　~なしで ~없이
負(ま)ける 지다　振(ふ)り返(かえ)る 돌아보다　めげる 기죽다, 약해지다

マメ知識

교토(京都)

교토는 헤이안시대(平安時代: 794-1192)부터 에도시대(江戸時代: 1603-1867)에 이르는 막부시대(幕府時代)까지 천 년 이상 일본의 'みやこ(都)' 즉 도읍지였던 도시입니다.

헤이안시대 당시의 이름은 'へいあんきょう(平安京)'였으며, 사찰·신사·성 등 17곳이 유네스코 세계 유산으로 지정되어 있는 국제적인 관광 도시이기도 합니다.

대표적인 사찰로는 교토 시내의 전경을 조망할 수 있는 'きよみずでら(清水寺)'와 미시마 유키오(三島由紀夫)의 소설로도 알려진 'きんかくじ(金閣寺)', 돌과 모래로 산수를 표현하는 'かれさんすいしき(枯山水式)' 정원으로 유명한 'りょうあんじ(竜安寺)' 등이 있으며, 에도시대 도쿠가와 이에야스(徳川家康)가 머물렀던 성 'にじょうじょう(二条城)', 만엔권 지폐 속의 봉황상이 있는 일본 최고의 불교 건축물 'びょうどういん(平等院)'도 유명합니다.

'きょうりょうり(京料理)'로 불리는 교토의 음식은 달고 짠 도쿄의 음식과는 대조적인 담백한 맛을 특징으로 하며, 대표적인 음식으로는 두부 요리인 'ゆどうふ(湯豆腐)'와 가정식 백반 'おばんざい(お番菜)', 사찰 음식인 'しょうじんりょうり(精進料理)' 등이 있습니다.

服装
복장

上着(うわぎ) 겉옷, 상의
シャツ 셔츠
ブラウス 블라우스
ジーンズ 청바지
ワンピース 원피스
スーツ 정장
セーター 스웨터
スカーフ 스카프
ショール 숄
靴(くつ) 구두
袖(そで) 소매
半(はん)ズボン 반바지
長袖(ながそで) 긴팔
着物(きもの) 기모노
浴衣(ゆかた) 일본식 실내복, 여름옷
草履(ぞうり) 일본 짚신, 샌들

下着(したぎ) 속옷
T(ティー)シャツ 티셔츠
ズボン 바지
スカート 스커트
ジャケット 재킷
コート 코트
ネクタイ 넥타이
マフラー 머플러, 목도리
帽子(ぼうし) 모자
靴下(くつした) 양말
襟(えり) 옷깃, 칼라
半袖(はんそで) 반팔
袖無(そでな)し 민소매
袴(はかま) 일본옷 하의
帯(おび) 일본옷 허리띠
下駄(げた) 일본 나막신

第12課

お書きになった本を拝見しました

주요 문형

- ～そうだ
- ～ようだ
- ～らしい
- 존경어와 겸양어

会話

金　先生、こんにちは。どこかへお出かけですか。

鈴木　金君、こんにちは。いいえ、今昼食をとってきたところです。何かご用ですか。

金　今日で夏学期の授業が終わりましたので、ご挨拶にお伺いしました。お時間よろしいでしょうか。

鈴木　いいですよ。どうぞ、座りなさい。半年間お疲れ様でした。どうでしたか。日本での生活には慣れましたか。

金　はい、おかげさまでずいぶん慣れました。あ、昨日学校内の書店でお書きになった本を拝見しました。

鈴木　そうですか。もう本屋に置いてあるようですね。

金　入ったばかりらしいです。私には難しそうですが、ぜひ読んでみようと思っております。

鈴木　読みたいなら私が一冊あげますよ。どこに置いたっけ…。あ、ありました。どうぞ。

金　いただいてもいいんでしょうか。ありがとうございます。辞書を引きながら精読させていただきます。夏休みにはどこかへ旅行なさいますか。

鈴木　そうですね。登山ぐらいですかね。夏休み中もほとんど研究室にいるからいつでも来てください。

金　はい。ご健康にはお気をつけください。

鈴木　ありがとう。金君もよい夏休みを！

単語

昼食(ちゅうしょく)をとる 점심을 먹다　~ところ ~하는 참
用(よう) 용건, 용무　夏学期(なつがっき) 1학기　よろしい 좋다, 괜찮다
半年間(はんとしかん) 반년간　お疲(つか)れ様(さま)でした 수고하셨습니다
おかげさまで 덕분에　ずいぶん 무척, 대단히　~内(ない) ~내　書店(しょてん) 서점
~ばかり ~한 지 얼마 안 됨　~っけ ~했더라　精読(せいどく) 정독
登山(とざん) 등산　研究室(けんきゅうしつ) 연구실　いつでも 언제라도

文法

❶ 추측을 나타내는 표현

① ~そうだ ~할 것 같다, ~해 보인다

동사 ます형, 형용사·형용동사 어간에 연결되어 보고 느낀 바에 따른 주관적인 추측을 나타낸다. 어간이 1음절인 형용사는 ~さそうだ의 형태로 연결된다(よさそうだ, なさそうだ).

② ~ようだ (みたいだ) ~하는 것 같다, ~하는 모양이다, ~하는가 보다

모든 품사의 명사를 수식하는 형태에 연결되어 근거에 의한 추측을 나타낸다.
みたいだ는 구어체로, 모든 품사의 보통체에 연결되며 명사·형용동사의 だ는 생략된다.

③ ~らしい ~하는 것 같다, ~하는 모양이다, ~하는가 보다

모든 품사의 보통체에 연결되며(명사·형용동사의 だ는 생략), 주로 전해 들은 말을 추측의 형식을 빌어 나타내는 표현이다.

ボタンが落(お)ちそうだ。
料理(りょうり)がおいしそうですね。
まじめそうな顔(かお)をしている。

渋滞がひどいですね。事故があるようです(あるみたいです)。
彼はそれ以来連絡がない。忙しいようだ(忙しいみたいだ)。
彼女はまた野球を見に行った。野球が好きなようだ(好きみたいだ)。
いつも人がたくさん並んでいる。おいしい店のようだ(店みたいだ)。

後輩の話によると、二人は来年結婚するらしい。
友達の話によると、あの店はおいしいらしいです。
妹のメールによると、家族はみんな元気らしい。
天気予報によれば、明日初雪らしいです。

➾ そうだ의 부정형은 형용사·형용동사의 경우에는 각각의 부정형에 そうだ를 연결하여 사용하나, 동사의 경우에는 そうだ를 そうにもない·そうにない·そうもない의 형태로 활용한다.

それも悪くなさそうですね。
彼は幸せではなさそうに見える。
今日は行けそうにありません。

❷ 존경어

일본어의 경어는 상대를 높이는 존경어와 자신을 낮추는 겸양어로 나뉘며, 한국어의 높임말에 해당되는 존경어의 형태는 다음과 같다.

① ~(ら)れる

예: 書く → 書かれる　出かける → 出かけられる

② お＋ます형＋になる

예: 書(か)く → お書(か)きになる　出(で)かける → お出(で)かけになる

③ お＋ます형＋だ

예: 書(か)く → お書(か)きだ　出(で)かける → お出(で)かけだ

④ お(ご)+명사

예: 名前(なまえ)→お名前(なまえ)　両親(りょうしん)→ご両親(りょうしん)

- ます형이 1음절인 동사는 ます형을 이용하는 존경형은 사용하지 않는다.
- 명사의 경우 고유어는 お, 한자어는 ご를 붙이는 것이 보통이나, 일상적인 한자어는 お를 붙이기도 한다.

先生(せんせい)はいつ戻(もど)られますか。

どちらに決(き)められましたか。

お父(とう)さんはお帰(かえ)りになりましたか。

コーヒーはお飲(の)みになりますか。

傘(かさ)はお持(も)ちですか。

シャツがとてもお似合(にあ)いです。

お手紙(てがみ)ありがとうございました。

ご都合(つごう)はいかがですか。

③ お + ます형 + ください ~해 주세요
お(ご) + 명사 + ください

가벼운 명령에 가까운 ~てください보다 정중한 의뢰의 표현이다.

少々(しょうしょう)お待(ま)ちください。

お気(き)をつけてお帰(かえ)りください。

シラバスをご参考(さんこう)ください。

④ 겸양어

① 일반동사: お+ます형+する/いたす

예: 書(か)く→ お書きする/お書きいたす
出(で)かける → お出かけする/お出かけいたす

② 명사+する: お(ご)+명사+する/いたす

예: 電話(でんわ)する → お電話する/お電話いたす
連絡(れんらく)する → ご連絡する/ご連絡いたす

お荷物(にもつ)は私(わたし)がお持(も)ちします(お持ちいたします)。

またメールをお送(おく)りします(お送りいたします)。

出張(しゅっちょう)の後(あと)、ご報告(ほうこく)します(ご報告いたします)。

⑤ 특수한 존경어와 겸양어

<table>
<tr><th>기본형</th><th>존경어</th><th>겸양어</th></tr>
<tr><td>いる</td><td rowspan="3">いらっしゃる</td><td>おる</td></tr>
<tr><td>行く(い)</td><td rowspan="2">参る(まい)</td></tr>
<tr><td>来る(く)</td></tr>
<tr><td>食べる(た)</td><td rowspan="2">召し上がる(め・あ)</td><td rowspan="3">頂く(いただ)</td></tr>
<tr><td>飲む(の)</td></tr>
<tr><td>もらう</td><td></td></tr>
<tr><td>くれる</td><td>下さる(くだ)</td><td></td></tr>
<tr><td>あげる</td><td></td><td>差し上げる(さ・あ)</td></tr>
<tr><td>見る(み)</td><td>ご覧になる(らん)</td><td>拝見する(はいけん)</td></tr>
<tr><td>聞く(き)</td><td></td><td rowspan="2">伺う(うかが)</td></tr>
<tr><td>訪ねる(たず)</td><td></td></tr>
<tr><td>言う(い)</td><td>おっしゃる</td><td>申す(もう)</td></tr>
<tr><td>知っている(し)</td><td>ご存じだ(ぞん)</td><td rowspan="2">存じておる(ぞん)</td></tr>
<tr><td>思っている(おも)</td><td></td></tr>
<tr><td>会う(あ)</td><td></td><td>お目にかかる(め)</td></tr>
<tr><td>座る(すわ)</td><td>おかけになる</td><td></td></tr>
<tr><td>寝る(ね)</td><td>お休みになる(やす)</td><td></td></tr>
<tr><td>する</td><td>なさる</td><td>致す(いた)</td></tr>
<tr><td>～だ</td><td>～でいらっしゃる</td><td></td></tr>
</table>

✎ いらっしゃる・くださる・おっしゃる・なさる의 ます형은
いらっしゃいます・くださいます・おっしゃいます・なさいます이며,
명령형은 いらっしゃい・ください・おっしゃい・なさい임에 주의.

✎ 존경어와 겸양어 이외에 ある의 정중한 표현 ござる가 있으며, ます형은 ございます.

⑥ ます형＋なさい　～하세요

(주로 부모·교사 등이) 손아랫사람에게 사용하는 가벼운 명령의 표현이다.

食べ物は残さないで食べなさい。
教室の中では静かにしなさい。
次の質問に答えなさい。

単語

渋滞(じゅうたい) 정체　ひどい 심하다　事故(じこ) 사고
それ以来(いらい) 그 후　後輩(こうはい) 후배　初雪(はつゆき) 첫 눈
戻(もど)る 돌아가(오)다　シャツ 셔츠　似合(にあ)う 어울리다
都合(つごう) 형편, 사정, 상황　いかがですか 어떠십니까
少々(しょうしょう) 조금, 잠시　シラバス 강의계획서　報告(ほうこく) 보고
訪(たず)ねる 방문하다　次(つぎ) (순서) 다음

練習

1. 예와 같이 문장을 완성해 봅시다.

～そうだ

예: ボタンが落(お)ちる ➡ ボタンが落ちそうだ。

① 雨(あめ)が降(ふ)る

➡

② 時計(とけい)が高(たか)い

➡

③ 彼(かれ)は頭(あたま)がいい

➡

④ 仕事(しごと)が大変(たいへん)だ

➡

⑤ 店員(てんいん)が不親切(ふしんせつ)ではない

➡

2. 예와 같이 문장을 바꾸어 봅시다.

예: コーヒーは飲みますか。 ➡ コーヒーはお飲みになりますか。

① この靴を買いますか。

➡

② 音楽をよく聞きますか。

➡

③ パソコンを使いますか。

➡

④ ソウルではどちらに泊まりますか。

➡

⑤ 現金で払いますか。

➡

3. 예와 같이 문장을 바꾸어 봅시다.

예: 少々待ってください。 ➡ 少々お待ちください。

① 皆さんによろしく伝えてください。

➡

② 新宿駅で乗り換えてください。

➡

③ よいお年を迎えてください。

➡

④ そちらにあるスリッパをはいてください。

➡

⑤ ふるって参加してください。

➡

4. 예와 같이 문장을 바꾸어 봅시다.

예: またメールを送(おく)ります。 ➡ またメールをお送りします。

① ペンをちょっと借(か)ります。

➡

② 暇(ひま)なので手伝(てつだ)います。

➡

③ 出来上(できあ)がったら見(み)せます。

➡

④ 今週中(こんしゅうちゅう)に連絡(れんらく)します。

➡

⑤ また会(あ)いましょう。

➡

5. 예와 같이 대화를 완성해 봅시다.

예: 今日(きょう)は学校(がっこう)にいる
➡ 今日は学校にいらっしゃいますか。
はい、おります。

① その本(ほん)を読(よ)む
➡

② 今度(こんど)のセミナーに行(い)く
➡

③ お寿司(すし)を食(た)べる
➡

④ 佐藤(さとう)さんを知(し)っている
➡

⑤ 計画(けいかく)に賛成(さんせい)する
➡

単語

現金(げんきん) 현금　皆(みな)さん 여러분, 모두
よろしく伝(つた)える 안부 전하다　乗(の)り換(か)える 갈아타다, 환승하다
スリッパ 슬리퍼　はく 신다, (하의를)입다　ふるって 적극적으로, 자진해서
ペン 펜　出来上(できあ)がる 완성되다　~中(ちゅう) ~중　セミナー 세미나
賛成(さんせい) 찬성

マメ知識

일본의 여름

일본의 여름은 기온도 높지만 습기가 많아 무덥습니다.

무더운 여름이면 흔히 볼 수 있는 것이 'ふうりん(風鈴)'입니다. 바람이 불면 맑은 소리를 내는 'ふうりん'을 창가나 문에 달아 두어 시원한 바람을 느끼며 더위를 식힙니다.

여름밤에는 불꽃놀이(花火大会)가 각지에서 열립니다. 벚꽃놀이(花見)와 마찬가지로 좋은 자리를 차지하기 위한 경쟁이 치열하며, 조금이라도 가까이에서 불꽃놀이를 보기 위해 아침부터 긴 줄이 늘어서는 것이 보통입니다. 불꽃놀이를 보러 가기 위해 'ゆかた(浴衣)'를 입고 'げた(下駄)'를 신은 사람들의 모습을 여름이면 전철에서도 자주 볼 수 있습니다.

일본에서는 더운 여름을 건강히 지내고 있는지 안부를 묻는 'しょちゅうみまい(暑中見舞い)' 엽서를 보내는 일도 많습니다. 'しょちゅう'란 여름 중 가장 더운 시기인 삼복 무렵을 가리키며, 이 시기에는 새해 연하장이나 크리스마스 카드처럼 'しょちゅうみまい'용 엽서를 따로 판매하고 있습니다.

天気と自然
날씨와 자연

太陽(たいよう) 태양

日(ひ) 해

月(つき) 달

星(ほし) 별

晴(は)れ 맑음

曇(くも)り 흐림

雲(くも) 구름

雨(あめ) 비

雪(ゆき) 눈

風(かぜ) 바람

霧(きり) 안개

嵐(あらし) 폭풍, 폭풍우

台風(たいふう) 태풍

梅雨(つゆ・ばいう) 장마

雷(かみなり) 천둥

稲妻(いなずま) 번개

虹(にじ) 무지개

夕焼(ゆうやけ) 저녁노을

空気(くうき) 공기

気温(きおん) 기온

空(そら) 하늘

海(うみ) 바다

山(やま) 산

森(もり) 숲

川(かわ) 강

湖(みずうみ) 호수

부록 1

일본의 100대 성씨

佐藤(さとう)	鈴木(すずき)	高橋(たかはし)	田中(たなか)
伊藤(いとう)	山本(やまもと)	渡辺(わたなべ)	中村(なかむら)
小林(こばやし)	加藤(かとう)	吉田(よしだ)	山田(やまだ)
佐々木(ささき)	山口(やまぐち)	松本(まつもと)	井上(いのうえ)
木村(きむら)	林(はやし)	斎藤(さいとう)	清水(しみず)
山崎(やまざき)	阿部(あべ)	森(もり)	池田(いけだ)
橋本(はしもと)	山下(やました)	石川(いしかわ)	中島(なかしま)
前田(まえだ)	藤田(ふじた)	後藤(ごとう)	小川(おがわ)
岡田(おかだ)	村上(むらかみ)	長谷川(はせがわ)	近藤(こんどう)
石井(いしい)	斉藤(さいとう)	坂本(さかもと)	遠藤(えんどう)
藤井(ふじい)	青木(あおき)	福田(ふくだ)	三浦(みうら)
西村(にしむら)	藤原(ふじわら)	大田(おおた)	松田(まつだ)
原田(はらだ)	岡本(おかもと)	中野(なかの)	中川(なかがわ)
小野(おの)	田村(たむら)	竹内(たけうち)	金子(かねこ)
中山(なかやま)	和田(わだ)	石田(いしだ)	工藤(くどう)
上田(うえだ)	原(はら)	森田(もりた)	酒井(さかい)
横山(よこやま)	柴田(しばた)	宮崎(みやざき)	宮本(みやもと)
内田(うちだ)	高木(たかき)	谷口(たにぐち)	安藤(あんどう)
丸山(まるやま)	今井(いまい)	大野(おおの)	高田(たかだ)
菅原(すがわら)	河野(かわの)	武田(たけだ)	藤本(ふじもと)
上野(うえの)	杉山(すぎやま)	千葉(ちば)	村田(むらた)
増田(ますだ)	小島(こじま)	小山(こやま)	大塚(おおつか)
平野(ひらの)	久保(くぼ)	渡部(わたべ)	松井(まつい)
菊池(きくち)	岩崎(いわざき)	松尾(まつお)	佐野(さの)
木下(きのした)	野口(のぐち)	野村(のむら)	新井(あらい)

부록 2

일본의 도도부현(都道府県)

東京都(とうきょうと)
京都府(きょうとふ)
青森県(あおもりけん)
宮城県(みやぎけん)
山形県(やまがたけん)
茨城県(いばらきけん)
群馬県(ぐんまけん)
千葉県(ちばけん)
新潟県(にいがたけん)
石川県(いしかわけん)
山梨県(やまなしけん)
岐阜県(ぎふけん)
愛知県(あいちけん)
滋賀県(しがけん)
奈良県(ならけん)
鳥取県(とっとりけん)
岡山県(おかやまけん)
山口県(やまぐちけん)
香川県(かがわけん)
高知県(こうちけん)
佐賀県(さがけん)
熊本県(くまもとけん)
宮崎県(みやざきけん)
沖縄県(おきなわけん)

北海道(ほっかいどう)
大阪府(おおさかふ)
岩手県(いわてけん)
秋田県(あきたけん)
福島県(ふくしまけん)
栃木県(とちぎけん)
埼玉県(さいたまけん)
神奈川県(かながわけん)
富山県(とやまけん)
福井県(ふくいけん)
長野県(ながのけん)
静岡県(しずおかけん)
三重県(みえけん)
兵庫県(ひょうごけん)
和歌山県(わかやまけん)
島根県(しまねけん)
広島県(ひろしまけん)
徳島県(とくしまけん)
愛媛県(えひめけん)
福岡県(ふくおかけん)
長崎県(ながさきけん)
大分県(おおいたけん)
鹿児島県(かごしまけん)

부록 3

히라가나와 가타카나의 유래

安→あ	以→い	宇→う	衣→え	於→お
加→か	幾→き	久→く	計→け	己→こ
左→さ	之→し	寸→す	世→せ	曽→そ
太→た	知→ち	川→つ	天→て	止→と
奈→な	仁→に	奴→ぬ	祢→ね	乃→の
波→は	比→ひ	不→ふ	部→へ	保→ほ
末→ま	美→み	武→む	女→め	毛→も
也→や		由→ゆ		与→よ
良→ら	利→り	留→る	礼→れ	呂→ろ
和→わ	為→ゐ		恵→ゑ	遠→を
无→ん				

阿→ア	伊→イ	宇→ウ	江→エ	於→オ
加→カ	機→キ	久→ク	介→ケ	己→コ
散→サ	之→シ	須→ス	世→セ	曽→ソ
多→タ	千→チ	川→ツ	天→テ	止→ト
奈→ナ	仁→ニ	奴→ヌ	祢→ネ	乃→ノ
八→ハ	比→ヒ	不→フ	部→ヘ	保→ホ
末→マ	三→ミ	牟→ム	女→メ	毛→モ
也→ヤ		由→ユ		与→ヨ
良→ラ	利→リ	流→ル	礼→レ	呂→ロ
和→ワ	井→ヰ		恵→ヱ	乎→ヲ
尔→ン				

부록 4

일본지도

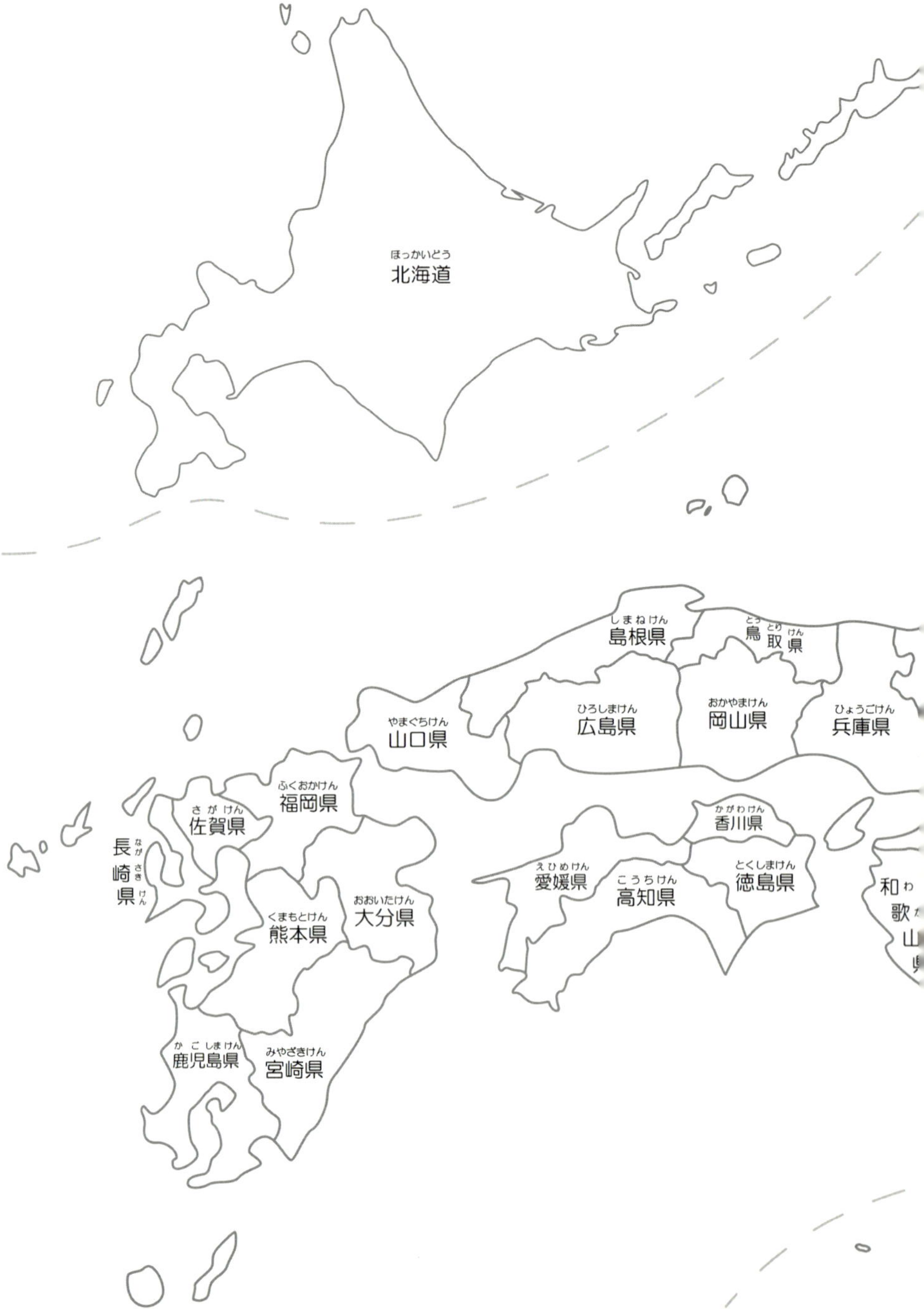
北海道
島根県
鳥取県
山口県
広島県
岡山県
兵庫県
福岡県
佐賀県
長崎県
香川県
愛媛県
高知県
徳島県
大分県
熊本県
鹿児島県
宮崎県

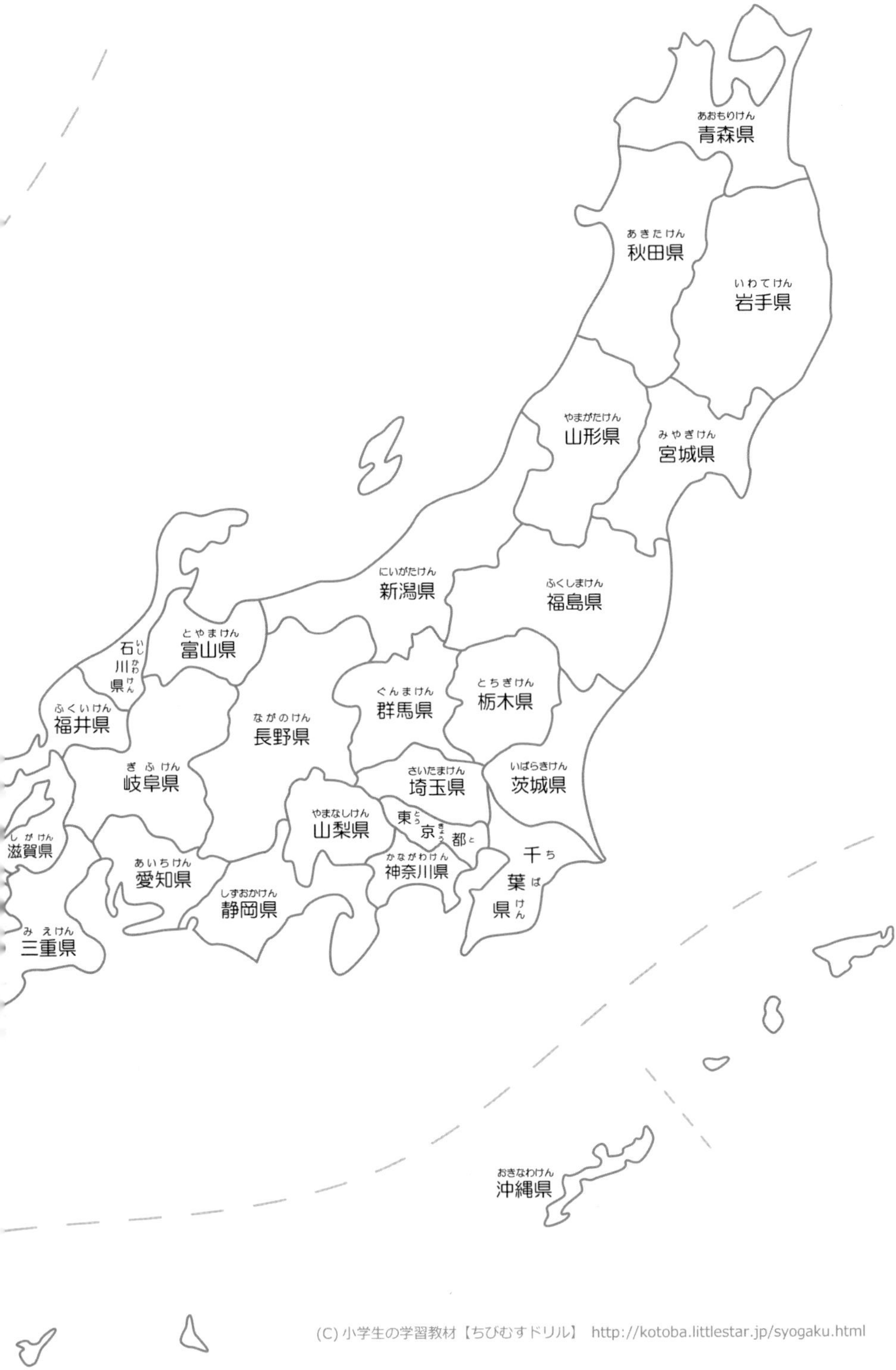

青森県
秋田県
岩手県
山形県
宮城県
新潟県
福島県
富山県
石川県
福井県
長野県
群馬県
栃木県
岐阜県
埼玉県
茨城県
山梨県
東京都
滋賀県
愛知県
神奈川県
千葉県
静岡県
三重県
沖縄県

공동집필

윤상인

(전) 서울대학교 인문대학 아시아언어문명학부 교수

한정연

서울대학교 인문대학 아시아언어문명학부 강사